重磅推薦

⊙建安學院‧蔡建安老師

讀了心玲的三本書，我們的觀點不謀而合同為道上。

靈性之旅始於愛也終於愛，臣服於愛，您就是對全人類做出最重要的貢獻。因為愛是宇宙最強大的能量，以光和愛處理所有的「業力戲碼」，能夠化批判為欣賞，化需要為合作與支持。為您的生命負責，願意接受自己，願意愛自己，願意愛人並接納人們的愛。

宇宙是友善的，有無限的豐盛，每一件事情都是為了我們的益處而完美地發生。

這三本書十分實用。邀請您踏上靈性之旅，分享並傳播您的「愛」。

⊙苓業國際教育學院創辦人‧黃鵬峻老師

生活，要丟一些，也要加一些。丟什麼？加什麼？

丟——自我厭惡的情緒。加——自我正確的價值觀。

心玲的三本書，告訴了大家如何丟如何加。為自己的人生進行深層的斷捨離，為未來的自己創造美好的生活模式，為心靈的自己重新對生命能感到怦然心動。

現實生活往往過於混亂，無法朝理想的目標前進，有時候我們需要停一停，給自己加入一個成長的空間。

在 AI 及多變的世代，人們因為不確定的恐懼，不斷地外求，但是這些都是治標而不是治本。不妨聽聽內心的聲音，接受內心的呼喚，您將會深深地被祝福。

　　焦點回到自己身上，自信而自重，光彩與魅力不言可喻，新的能量得以灌注、進駐，生命才有機會往前跨步。

　　心玲的三本書，可以幫助您第一步的開始，實踐自己內心的「渴望」。

⊙智客集團・周導

　　有些時候，有些事情，有些緣分，是一份深意與美好的安排。

　　與心玲的相識在杭州。心玲這三本書，用她自己親身的經歷淬煉而來的。

　　身為商業領域的研究者，我知道在這二元世界中，科學觀能帶給我們的最大好處就是，能緩和我們在物質上或是身體上的苦難。至於精神上的苦難，就只能靠對內心品質的提升與內在態度的轉變。

　　我們同時需要科學知識和靈性這兩樣東西來達到人生平衡，進而「離苦得樂」，追求內心的幸福與喜悅。

　　當您心中有一道「光」，當您自我成長改變，就可以為自己引路，也可以讓自己成為照亮大家的那一盞燈。

　　心玲的三本書可以幫助您成為那個「光」。

找

心玲/著

你的心在找什麼？
問問自己的靈魂怎麼說⋯⋯

目錄

新版自序　008

1 存在　010
存在的意義　你可曾認真想過？

2 靈性　012
它決定了你的命運好壞　人生藍圖的走向

3 宇宙　014
宇宙法則公正無私　自己的未來自己決定

4 磁場　018
散發出什麼磁場　決定了你每天會過什麼樣的生活

5 磁場與能量　020
你是宇宙相中的獨一無二　磁場能量的創造中心
【三分鐘工具】提升自我的能量法

6 現在　024
看看你自己　現在和什麼樣的心境形影不離？

7 未來　026
未來不在未來手中　未來在現在手中

8 神佛　028
這一切你都有份　就看你認不認得清

9 實相　030
認識「物質」「感受」與「振波」三大實相

10 淨化　034
淨化可讓愛的能量自由流通　愛以淨化的方式連結了宇宙
【三分鐘工具】性格淨化法（冰塊淨化法）
【三分鐘工具】頭腦淨化法（蓮花淨化法）
【三分鐘工具】整體淨化法（深呼吸淨化法）

11 靈感　044
【三分鐘工具】找靈感法

主權在己靈感當道　問問自己的靈魂怎麼說

12 靜心　050
【三分鐘工具】連結宇宙能量

脫胎換骨其實沒那麼難

13 指導老師　054
【三分鐘工具】與高次元的老師相應

幫你們鬆綁　當你們喜悅時，整個宇宙都笑了

14 夢想成真　058
【三分鐘工具】蓮花觀想法

想像力＋好奇心＋挑戰力＝為夢想灌注能量

15 愛與慈悲　066
【三分鐘工具】慈悲讓你學習成長

愛如母親

16 如何改變現況　070
【三分鐘工具】因果樹

「喜悅之心」vs.「悲憤之心」明瞭箇中道理　選擇變得容易

17 錢　074
【三分鐘工具】財富成就法

它是「能量轉運站」你被它主宰了，還是你駕馭了它？

18 修行　078
【三分鐘工具】化身粉紅之光

你現在的舒適圈真的舒適嗎？？真的讓你充滿生命的喜悅嗎？？

19 如何與宇宙意識連結　082

你本然俱足的愛　會指引你回家的方向

20 二個你 086
「你」究竟「有幾個本尊和分身」？
【三分鐘工具】合一法

21 感恩與感動 090
看感動如何改變你的人生　讓感恩徹底轉化你的生命
【三分鐘工具】綠光重生法

22 心的未來 094
身為船長的你　就是要「找到地圖」與「定位方向」
【三分鐘工具】連接宇宙網絡

23 打坐 098
如同收音機　你必須先找到頻道對準它　空中電台才會呈現
【三分鐘工具】體會大自然

24 人與大自然 102
好鄰居都願意愛鄰如己
【三分鐘工具】過得好　是一種絕對必須

25 未來的你 106
把「在時間設定裡的你」過得好　是一種絕對必須
【三分鐘工具】光的成就法

26 喜悅之心 110
把自己從裡到外　從舊的變成新的
【三分鐘工具】新的自己

27 話語的力量 114
你不需要辛苦過日子　而是你自己像個磁鐵　把真善美運用磁力吸引過來

28 分別心 118
當你在分別他人時　你其實在切割自己　這樣做只會讓自己變得更加支離破碎

29 人類的情感	122	給彼此力量　讓關係轉化
		【三分鐘工具】光與亮
30 穿越自己	126	書寫　是穿越自己的重生過程
		【三分鐘工具】深呼吸法
31 鬆	130	自然鬆就會自然通
32 持續力	134	借用「食物的力量」、「光的力量」
		【三分鐘工具】收攝能量
33 自我	138	「打破自我」的最佳方式就是「加新的東西進來」
34 嫉妒的攻擊力	142	它像是一個小偷　隨時想採取行動
35 貴人小人	144	別那麼快下定義　謝謝他的存在
36 家人	148	學習如何一起生活　一起分享
37 男人女人	150	珍惜彼此的存在
38 壞習慣	154	習慣是來自於依賴的心理狀態　習氣屬於更深層的基因狀態

新版自序

時隔多年了,再次發行這三本書,心中喜悅之意與感恩之心,難以言表。

感恩商周總編輯藍萍女士的積極推動,才能夠舊書新貌與所有讀者「再相見」。

這些年來,自我的內在的變化很不同了,外在的處境也很不一樣了,一切的發生如同神助般地快速翻轉。

從一位素人作者到暢銷書作家,從找尋人生解答到能夠助人利己,再再都是宇宙大能的關照與諸多讀者們、聽眾們的支持。是您們讓我「升級了」,在此致上深深地謝意。

在物質的我,財富富庶了；在心海的我,精神豐盛了；在靈性的我,靈性揚升了。

我雖是我,卻不是舊的我。「新」的我,將我推進更高的領域,有了比以往更好的狀態、更堅定的信念,以及更佳的能力去完成大我的願力。

「感動」不在言語，心意不足以表達，只能賦予行動來呈現內心深處的悸動。

我行動了！心玲星語二十八星球的著作即將展開。這是一系列關於人類與宇宙生命體們的關聯。星球內部有著澎湃的生命族群，有著生命的主題，有著生命的課題，也有著像你我一樣的生命風采。

星球不只是星球，故事不止於故事。

心玲

1 存在

存在的意義　你可曾認真想過？
存在的真相　你可曾出發探尋？
意念與發心決定了命運
「意識創造實相」的祕密在你眼前開啟

凡事皆有軌道運轉,軌道在細塵中形成軸線,軸線相互交叉、相互平行、相互重疊,在茫茫塵海中撞擊,由力與速度形成了光,光產生了磁場,光點與光點的連結即為軸線,軸線的曲形圖呈現了這事件的結果。

無數的細塵即為負面的能量,亦可說是負面意識;光點乃為正面的能量,亦可說是正面意識。負面的意識多而繁雜如塵海,正面意識雖少但力道強而有力。

宇宙萬物的形成,皆由光點初形成,連結軸線,進而有「本有」的存在。回歸至人類,殊途同歸、本源合一。

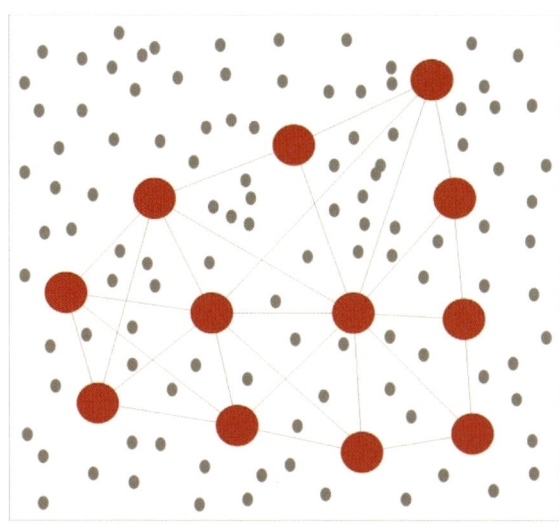

事件的結果,即是由整體的曲線圖來決定的(正面能量／負面能量／軸線)。要有足夠的能量才能有振動的頻率,進而帶往高階層面。
紅色部分即為正向能量團,灰點部分為負面能量。

2 靈性

你的靈性和意念共鳴創造
命運就從此產生
想改變生命劇本自己當導演
你這創造者必須從靈性下手

靈體穿梭在浩瀚空間中，無味無色無形體，只有光的形成，投射著你戴體的意念（正＋負），以電流般發射在宇宙中，在宇宙裡再吸取同等同質的能量。正向的無止盡的擴大，負向的也無止盡的擴大，進而決定了人生生世世的劇本，輪迴的重複再重複……

靈性與生命版本是息息相關的，無法切割無法分離。換言之他們是一體的，就如你們的器官組合而成了一個身體，身體不能沒有器官，器官也不能沒有身體，但器官的好壞決定了身體的狀況，是健康或生病。

靈性如同器官，它決定了你的命運好壞，人生藍圖的走向。

靈性如同器官，你肉眼看不到，但剖開後它們如實地存在，真真實實地存在。

器官是身體的基本架構，靈性是生命的基本基底，這樣的闡述，孩子你應該很清楚明瞭。

別忘了，器官需要身體靠食物來攝取養分，使其成長運作，由食物轉化分子再轉化能；靈性亦如此，由意念轉化光，再轉化能量，最終再反射成為你的人生。所以靈性成長、提升，何其重要。想要改變生命劇本，先從靈性著手，即先有無形界才能轉化成形象界（物質面）。

3 宇宙

宇宙由無數重疊的空間次元所組成
彼此重疊且各安其位
宇宙法則公正無私
自己的未來自己決定

它太大了,幅射的面向,無從具象的告知你;由空間次元來解說,或許你較易明瞭。

空間次元無數重疊在一起,綿綿密密如同無數網狀,交叉重疊。各次元有密不可分的連接,次元和次元間息息相關,由宇宙最高主宰,輸送非常精緻微細的毫米子(人類科技目前尚未有),穩定各次元的運轉模式,使其重疊卻不互相衝擊、不互相影響,井然有序地在軌道中。

軌跡在宇宙中占有極其重要的功能,它是宇宙大能(最高指揮中心)和各星球交流的管道,所有資訊皆來自軌跡輸送和傳遞。

每個星球的軌跡(亦可說軸線),皆由不同的程式組合,一個星球一個程式;所有星際的程式皆收歸在宇宙中心,分立檔案,各自處理。

星球靠軸線傳遞星球的狀況給宇宙中心,宇宙中心輸送能量給各星球(包含星球上的生物體),宇宙中心根據各次元的資訊和需要,來主導每個星球的未來和走向,它絕對的不偏不倚,公正無私。這就是所謂的宇宙法則。

地球目前傳遞和輸送的具體實況,尚未清楚。但高次元空間盼地球能提升,相應的我們也升等。

三次元的星球不只是地球而已,有無數個星球。當共同的能量,凝聚成一個大能量,即可升級至四次元,推動著四次元至五次元,依其類推,所以宇宙萬物是永遠不可分的。

這也是我們高次元的光明體(神佛),會至地球(只是所到之處其中之一)來協助,因我們幫助你們時,更是在幫助自己。

宇宙

4 磁場

人體的磁場正負取決於意念
要改變深層的意念波　即從靈性著手
靈性啟動　是你命運重生的開始
送自己一個機會吧

磁場乃是由電波所形成，人體是傳導體亦是導電體，它能放射也能接受，放射自身的電流量，接受外在的電流量，一進一出，其負荷量是很大的，功能性也很強。

當人體的正負、進出達到一個點之時，即形成了這個人的磁場效應，敏銳度高的人或靈性高的人，會很清楚感受到，不用任何的話語或肢體或眼色，都可感知到。

一個正向磁場的人，會讓周圍的人莫名的感受溫暖，會讓周圍靈魂得到安穩感，得到溫暖再傳遞溫暖，得到安穩再傳遞安穩，以此傳播下去。所以一個人的磁場，具有強大的力量，超乎你所認知。反之負磁場亦然。

所以一個人的磁場不論正、負，都足以擴散到整個城市，因它會連接同磁場，使其擴大再擴大，城市連接城市，國家連接國家，最後成為地球的總磁場，再連接至宇宙。

人體磁場正、負取決於意念，而意念包含了先天和後天。先天乃是累累世世所存留的，後天乃是家庭、學校、朋友、大環境所造成的。要改變深層的意念波，即從靈性著手，因靈性經歷了一個人累世的過程，存在著所有的記憶能量。所以有時你會莫名的低沉，莫明的恐懼、悲傷、憤怒……皆是觸及靈性的開啟，投射至戴體，再反射至情緒，於是一連串的功課又開始了，又造就了今世的因果。

所以，你散發出什麼磁場是何其重要！決定了你每天會過什麼樣的生活，遇到什麼樣的人、事、物，最終決定你的人生。

5 磁場與能量

你的意識就是你的存在能量

豐沛的能量再激盪出磁場

你是宇宙相中的獨一無二

磁場能量的創造中心

磁場和能量之不同在於：：磁場是由電波的密度所組合的。由人類的角度來說明：當你的意願強大時，則磁場的振動頻率會快速，也就是所呈現的曲線圖是緊密的，波與波之間的空間密度是小的，且力道是較大的，頻率是快速的，那麼你所祈求的事，在時間點上也較快成形。反之，當你的意願小時，那電波之間的空間則會呈現波浪般的線條，事件的本身則會慢而冗長，有時甚至無疾而終。由下圖說明：

能量則是你本身意識的層次，當這意識是屬於真、善、美的，能量場就會在高等級的領域。當意識在物質層面的，那能量場域就會在較低的領域。所產生的差別會在哪？在高能量場的人、事、物，會有高次元的智慧體來協助你，而不只是單靠人為的努力，會有事半功倍，甚至於N倍的成效。而在低能量場的種種，則完全取決於人為的奮鬥多少，甚至於有時還會有各方面的干擾，造成事倍功半，有時還徒勞無功，造成心力交瘁的狀況。

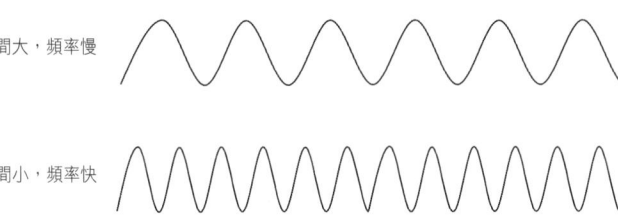

空間大，頻率慢

空間小，頻率快

呈一字型，代表完全合一

還有一點：你能量場在高層級之時，再加上你本身發放射出的振動頻率（磁場）又強大，除了本身事件可完美的呈現外，還有可能晉升到更高一等的能量場域。所以你們不是會常說「出乎意料之外」嗎？這意思是：除了你本身的意願外，還額外贈送了禮物給你。因有更高次元的讚同，所以在祂們的範圍裡，額外給了獎賞，在實相裡給予了更好的結果。

磁場和能量不是二分法，有時磁場也會涵蓋著能量共同在運行，而能量也蘊含磁場在運轉，兩者在常態下，幾乎是合一的運轉體。以一般而言，磁場頻率振動高的處境，往往是在能量高等的場域下較容易達成；在低能量場域下，頻率的振動比較困難。但也有其他的狀況，例如在極度憤怒下，磁場的波動也是強大的，往往會超越理性的框架，而做出遺憾的事，就如犯罪的行為。

在芸芸眾生裡，大部分的人類還是處於平衡的狀態，社會次序還是依循軌道在運轉，所以人類才有機會得以晉升至高次元。但現今所面臨的問題並非只是這樣即可，而是要聚集足夠的高能量場，才能穿越光的隧道至另一次元，目前是遠遠不足的。既然是要穿越光，那當然就是由光的使者（人間稱之為神佛）和人類共同努力。你們常說「神人」，其實就是「光和人類」，在宇宙的劃分，一個是美善的能量，一個是實相的能量。兩者合一，再將比例分配，那人類躍升的機率和速度會大大的升高。

> 三分鐘工具

提升自我的能量法

A：想像自己坐在太陽中，被太陽完全包覆。
B：慢慢感受自己與太陽合而為一。

6 現在

時間同時　同步　同一口呼吸
投射全宇宙的未來　過去和現在
未來不在未來手中
未來在現在手中

時間是穿梭的，是流動的，是投射的。在流動中形成了高含量的分子，投射至宇宙中，轉換成能量。看似容易，卻蘊含諸多的程序和程式的運轉。現在的你，運轉著程式，程式形成了方案，方案建立了檔案，檔案記載了你的所有。

現在的你是過去育化而成，而未來的你，也是現在的你育化而來的！所有的意念、行為組合成一個人的一生；一個生命的劇本，單靠的就是心念的合成，是「心念」啟動生命的方程式。

程式是可更改的，它的程式運作都是由心念的變化而成就。可見心念何其重要啊！

7 未來

時間代表著能量的凝聚
你想跟什麼樣的未來自己相遇？
就看看你自己
現在和什麼樣的心境形影不離

今天的你，疊成了明天的時空點。別小看一分一秒的流逝與功能，會有時間的計算，是具有深層的含意，而非數字的變動。

時間代表著能量的凝聚，與明天、後天、一年……未來所有的走向。如果你想預測未知的自己，觀看每分每秒的你，在做什麼、在想什麼、散發給自己和別人的是什麼？這決定著未來的你是什麼位置和處境，未來的你會有著什麼樣的人生。

不用去想未來，只要關注現在的自己，關注每天的生活、每天的心境，因它就是演化未來的起始。

8 神佛

神佛帶著自身空間的文明與能量
各司其職　彼此交流　貢獻學習
包括要幫你靈性精進和能量躍升
這一切你都有份

神佛是來自高空間、高次元的共修體,祂們帶著自身空間的文明與能量,與其他次元的生物體共振、共修、共存,緊密的連接。當你與祂們相應之時,代表著你的能量提升,與祂們可共融。

各神佛皆來自不同的次元,相對也帶著不同的磁場。祂們各司其職,分工分類地負責著自身的工作與任務。祂們有其別,但也異中求同,皆是在各星球貢獻、付出,但也同時學習,學習不同空間、次元的型態與文明,了解其所缺、所需與所有。

所以每個次元不論高、低,都有其所需的學習。當神佛經歷更多空間的學習之後,匯整資料庫,建立更多的資訊,便擁有更大的 data,其所具備的能量便增大,能力也更俱足,對本身的提升,亦助益很大。

孩子,不論哪個空間的存在體,都需精進,都需躍升。別太被世俗紅塵所牽絆,那是很短暫的,很虛幻的,靈性的成長才是永恆的。

9 實相

你的存在
同時有「物質」「感受」與「振波」三大實相
一切真理起源於第三類
要趨吉避凶化腐朽為神奇其實不難

認識「物質」「感受」與「振波」三大實相

實相分為三大類。

第一類：為物質實相。眼、鼻、耳、口、皮膚，看到、聞到、聽到、嘗到、觸摸到。讓人們清楚明白，無任何異議。

第二類：為感受實相。沒有實體的存在，沒有物件的成形，但感受卻如此強烈。如：恨、怨、憤怒、愛、開心……

第三類：為振波實相。頻率「高低」、「強弱」是不同的情境。

先從「高低」開始闡述，高低代表著軸線處在宇宙空間裡的層級（次元）的位置。「高」指正在發生的人、事、物，趨向於在美好純淨的存在空間裡進行。「低」則指的是，目前在進行的狀態是混濁、黑暗的處境。高低也就是人類俗稱的好運與壞運之分。

當你處在高頻率的振動中時，很容易與同等質量、同等頻率的能量相連接，所謂「好事連連」就是此道理。而低頻率道理亦相同。

「強弱」的原理在於波與波的空間距離大小。當波段間距離越短時，則強度越大，所投射出去的磁場越大，形成的效應也愈大。如果在人間的說法，當你的意念越大，則在宇宙空間裡形成的強度則愈強，成事的時間點也愈快。

但要注意的是，你所想要成就的事是高頻率或低頻率，再加以強度的發射，則就可揣測出事件形成的可能性（機率）及時間點。所以有些通靈者會有靈視力看到曲線圖，來預測未來的發生。

總結：一、二類的產生，都是來自第三類的產物。在宇宙裡真正的實相，也就是真理，則來自第三類。

實相

10 淨化

心念指的是意識 來自細胞潛在的記憶體

要淨化 最容易的方式就是「釋放」

淨化可讓愛的能量自由流通

愛以淨化的方式連結了宇宙

「淨化」顧名思義為清理，也可稱為整理。清理原本不在其內的存在，各司其位的放置，各司其職的運作，在本然的狀況下流通，不受阻礙，沒有限制，成就該有的流通狀態（包含世間的人、事、物）。

為什麼會受阻呢？是因為：對宇宙而言，萬事、萬物、萬象皆為單一個體的生命動能；而人類的認知裡，只認為有生命的才有生命動能，其餘皆為物體。但從我們高度的空間次元腑視你們的空間，卻不是如此。我們感應的是能量的呈現和波動的強弱，所以佛陀說「萬物皆是佛」，那是祂已察明到真相，了解到宇宙宏觀的形上物質學。

在你們的空間裡，有互相依存的環節，如：人類需要食物才能生存，樹木需要土壤、魚需要水⋯⋯這些生物鏈，在我們的世界裡是沒有的，我們是依靠宇宙釋放能量而維生，光則是我們的軀殼（如你們的身體）。

在我們的次元裡，也是要修行，我們的修行並不是為個體的，而是視奉獻與付出能量多寡，即表示愛的能量大小。如同我們現在在連網，在當下、在此刻，你已加大了我們的能量（愛）。當我們匯集足夠定額的能量，即會往更高領域前進。

C

淨化

A　　　　　　　　　　　　　　　　　　　　　B

037

三分鐘工具

冰塊淨化法（性格淨化法）

A：觀想你個人最想釋放的人格特質（如：不積極、缺乏行動力、悲傷、憤怒……）。
B：用冰塊包覆你想釋放的人格特質（如：憤怒）。
C：召喚宇宙白色之光與宇宙之大愛，感受暖暖溫度慢慢融化此冰塊，再轉化成水，使其自然流出。

你在想，我所說的和淨化有什麼關係呢？有關係的。前面我提及，淨化就是流通，當人類和高次元連結時，就是最快速的淨化法門，因我們的能量可以幫助你們，讓所有阻礙的管道暢通，達到淨化的功能。當流通完成，運作它本有的功能，淨化的程序即完成。

淨化是非常重要的工作，讓所有的工序各就其位，當所有的功能都發揮效應時，整體的「力量」才會產生（亦指整合）。

力量產生了單一的元素，這元素則決定了你的人生狀態和處境時變動的，取決於本身淨化的程度，淨化純度愈高，則往高能量，密度愈高則波動愈強，即前面篇章「磁場與能量」所敘述的。反之亦然。

所以「淨化」在你這一世是如此的重要，先從「身」的淨化談起。

身體本身就是個小宇宙，宇宙裡也存在正、負能量，這都是被允許的，都是愛的存在，分別會有不同境界的「存有」產生。但所有的生物體都有選擇權，這是宇宙裡的自由意識法則，在正、負能量差異過大，造成不平衡時，那慈愛的大能則會出手協助，幫忙面臨此狀況的生物體。

「身」可分為實體和意識兩個面向，實體即為身體，意識即為思想。

身體的淨化先從飲食著手，吃是你們賴以為生的根本。吃什麼能讓身體處於較為純淨的狀態呢？要吃生命動能較高的食物，如乾淨的蔬果，它們沒有被加工處理過，

所以生命動能的元素都還存在，當然沒有烹煮過的最好；盡可能降低吃動物（葷食），因為牠們在被宰殺時，所釋放出的恐懼、恨都滯留在身體內，雖然也有生命動能，但是是負向的。

你會懷疑，植物在被煮的過程或被食用的當下，就沒有動物所產生的狀況嗎？它們是略為不同的，因動物的能量場和植物的能量場，在大自然界是不一樣的振動頻率，動物是高於植物的。植物是貼近土壤的，所以在靈性層面上是不完全的，但它們還是能感受正、負能量；動物的靈性是較健全的，所以在成長過程與對死亡的感知較大。

接著要探討的是身的「意識」淨化。意識指的是心念，它有兩種組成，一種是頭腦，一種是潛藏在記憶體的。頭腦往往是由後天造成的因素較多，它來自於原生家庭、學校、社會……是由周圍環境所造就，存在於人性的觀點和思考邏輯，告訴你什麼是好、什麼是壞，什麼是對、什麼是錯。

就像一群沒有自我的羊群，跟著主宰者前進，頭腦往往是奴役，隨波逐流。它無法洞察真相，無法感知，它是固化的，就如模型被雕塑在那，被放在那，甚至有時連動都不動。所以當你要淨化頭腦時，有時工程浩大。

> 三分鐘工具

頭腦淨化法（蓮花淨化法）

A：觀想你的頭腦是一朵金色含苞蓮花。
B：然後慢慢地展開成為一朵燦爛的蓮花。
C：祈求蓮花淨化清空你舊有的思維。
D：直到你感受到輕鬆即可。

淨化

041

[三分鐘工具]

整體淨化法（深呼吸淨化法）

A：祈求宇宙之光的協助。
B：吸進白光（白光有洗滌的功能）。
C：呼出內在的濁氣。

首先要學習，當一件事發生了，先放下事件的本身，讓自己停滯幾秒，然後問自己：「這事件要告訴我的是什麼？」當你這麼做時，答案往往會和你先前認知的完全不同。這就是在淨化你原本固化的頭腦，讓那段清流進來，自然而然，舊化的細胞將被慢慢的清除，而新的細胞將會活躍出來。你將會發現本身的思考模式有所改變，也會發現你有多角度的思維，高度與廣度增加了，你的頭腦就活起來了。

再來就是，學習讓頭腦「空出來」，讓它有空。頭腦很忙、空間很擠，要讓它喘息、要讓它把一些空間整理出來，才能裝進新的東西，那就是要學習「靜心」。很多人會說這很難，其實不像你們所想的，只要每天給自己幾分鐘，從最容易的做起，即「關注自己的呼吸」，在一吸一呼之間，頭腦的空間就出來了，這是宇宙給你們很棒的禮物啊！地球所有生物的存在本質，包含動、植物，不都是在一吸一吐間？呼吸有很深的學問與存在的真理，運用它，智慧自然而生。「氣」生萬象，生命即在吸吐間。

心念所指的是意識。一個人的心智，除了後天的因素外，有很多的元素是來自細胞潛在的記憶體，也就是累世所存留下的痕跡，它一直都在，都在你的體內。

人是沒有死亡的，只有身體才會死亡。既然你都沒有死亡，那曾經扮演過的角色，那曾經經歷過的過程（人生），當然在那裡；在那過程裡有智慧的累積、傷痛的沉積、喜悅的存在，一一都記載在你的細胞記憶裡。只是在目前的這一世，有些被喚

醒,有些依然沉睡,但它們都屬於你,和你是一體的。

心念的淨化,有時只靠觀念或思維的轉化,會比較辛苦,明知如何思考是正向的,但卻常常做不到。因有一條無形的線牽引著你,常讓你沉陷於負面的能量中,無法自拔。那是來自於累世的牽引,引動著這一世很多的狀況和處境。要淨化它,最容易的方式就是「釋放」,把存有的記憶體用橡皮擦擦掉,那記憶的能量就會鬆動,就能有重新組合的空間。

如何做呢?請求宇宙大愛幫助,可請求每個人信仰的宗教。宗教都有能量,神佛的能量以及集體的能量,不論任何的教派都有,在宇宙的次元裡,祂們都是以光的化身在地球上;沒有宗教信仰的人可以直接請求「光」來幫助你,也是可行的。

經由神佛(光)的能量,幫助你清除殘留在記憶體裡的負面種種,因祂們的振動頻率高於人類的振動頻率,所以能釋放與消除負面能量,也就從根本上達到淨化了。

11 靈感

靈感　靈性的感知能力
靈魂　記載你累世的記憶總能量體
運用意念轉換能量　將能量聚焦形成現實
主權在己靈感當道　問問自己的靈魂怎麼說

就其文字，即可看出端倪啊！

靈感完整的名稱為「靈性的感知能力」，但靈性有層級和類別之分，因次元的不同，每個次元的文明也不同，所下載的內容也不一樣。如你的靈魂是記載你累世裡扮演所有角色的記憶總能量，有好的，也有不好的，裡面蘊含著經驗與智慧。所以大我永遠比小我來的聰明，大我有時會取用祂的經驗值，來告知現在的你該如何處理當下的事，或給你一些不同的創意和想法，這也是靈感來源之一。

另一種靈感則來自其他次元的訊息，當你能調整頻率和祂們對焦時，則能經由祂們的空間學習（取得）資料。或許有些次元的東西會相同，但大部分都會有差異性存在，所以各空間的生命體可以互相學習與交換資料，這樣可以讓你所處的空間較快速的進步與提升。如科學的發展，目前最需要的資料是來自向四度空間的學習，祂們已在使用無硬體設備的電腦和電器用品，祂們運用意念即能將能量形成實體。沒有製造也就沒有使用到星球的資源，也就沒有污染的問題，如此一來，星球就保存它原來的風貌，沒有耗損自然界的能源。

四度空間是運用意念轉換能量，能量形成具象，有需要時才使用之。四次元的生物有非常多形態，無法一一說起，但是最接近你的社會形態，將是未來人類演化的趨勢與走向。

❖ 請問四次元是什麼樣的形態呢？

人和人（以地球的名稱來說）等生物之間的溝通是由意念波來傳達，可以互相掃描彼此的心意和需求，因為意念波是透明的、開放的，所以「靈性成長」是這社會形態最大的宗旨。

在這次元裡，沒有批判、比較、階級、恨、怨、貪婪，它只存在於和諧、互助的大能量場。因為所有的物質面已不存在，意念即可轉化成日常所需的一切，所以沒有商業模式，也沒有金錢交易；但仍有科技的發展，因需要和平行的次元互相交流、互相往來。四次元的生物還無法靠能量移轉空間，但可由藉由交通工具至任何的星球，他們都經常至別的星球交流與學習，如同你們會到別的國家做文化交流、旅遊、深造，體會不同的文明和文化。

❖ 那他們有家庭的形態嗎？

有些星球有，有些星球沒有，沒有既定的模式。即使有家族的模式，也是專注於個體的成長，沒有情感包袱的連結，而是向大眾能量的學習和付出，並不像如今人類的分別心和差異心。在他們的認知裡，每位個體都是宇宙的造物者，都是愛之光的產物，一律平等。

◆ 請問有人形嗎？

有，但和現在的你們有略微的差別。他們和你們在細胞組織中的排列、組合不同，也就是DNA不同。人類是以物質的形體為主軸，能量、光、氣場為輔，但他們則與你們相反。所以他們運用意念生存，而你們則需要物質來生存。

◆ 那他們需要食物嗎？

有些需要，他們以能量來維生。但在他們星球，某些能量不夠或不平衡時，或個體出現障礙時，會由他們星球裡的自然界生物來補給。

四次元的生物，還是光與物質面的綜合體，和你們部分相同，只是光和物質實相兩者比例不同。四次元是光百分之七十，實相百分之三十，而你們則反之。光的能量越強，次元也愈高，整個社會架構也不一樣。因為需求不同，宇宙大能給予的也不同，是根據不同次元、不同星際的所需，所以都會略有差異性。

而再往更高次元，實相已不復存在，完全是由光所組合的智慧體。祂們不需要任何物質的需求，以及在之下的次元空間裡，穿梭自如。祂們已有能力協助其他次元，祂們在宇宙裡的純度已邁向一大步。

三次元轉向四次元，比四次元提升至五次元要來得容易許多。要由物質面完全蛻變至純粹的能量體，是更繁瑣與精密許多的。在次元要升級時，都會有大震盪，這是必經的過程，是所有能量的總整理，凝聚再打散再篩選，過於沉重的人、事、物都無法穿梭。

地球的靈性總體能量，目前是太沉重的。靈魂必須經過洗滌、淨化才能將重量減輕。靈性是有重量的哦，如同你們的體重。越乾淨的靈魂則越輕盈，在宇宙裡就越自在，給宇宙的負擔也愈輕；如同你們的體重過重會帶給心臟負荷，這是一樣的道理。

靈感

049

三分鐘工具

找靈感法

A：觀想自己為金色之光。
B：與七種顏色之光（紅、橙、黃、綠、藍、靛、紫）連結在一起。
C：形成一個圓。

12 靜心

靜心 意謂和「有覺知的力量」接軌
當負能量慢慢消失 身體靈魂的感覺也變輕
脫胎換骨原來沒那麼難
是進入真善美世界的自由心證

頭腦和小我常常處於親密關係，頭腦是分分秒秒都在運作中，而小我往往會隨從它的指揮，跟著起舞，常常變成了兩相好。但不必如此的。

頭腦會觀察周遭的人、事、物，而告訴你它認知的理念，那往往不是實相，但你會認同它；因在你們身體的系統裡，頭腦是總指揮，指揮著你的想法，指揮著你的行動，指揮著你的人生。

試著抽離它，把它分割成兩部分……一部分是頭腦，另一部分是大我（能和宇宙銜接能量的真正本我）。當他們無法合一時，運用高能量來平衡。你們存在於三次元，物質實相是必然的，是生存的基本要件，無法抹滅的需求，現在也無法改變，所以「平衡」是關鍵。

當你處在低能量或負能量時，先抽離自己，你才能看清狀況，接引高能量來協助你，讓你先達至平衡。別用自己的力量，那會辛苦且效果並不理想，因頭腦總想指揮你。可藉由感官的呈現來輔助，如視覺、聽覺、嗅覺，但要用在高磁場的事件上。閱讀有關靈性的書籍、聽放鬆的音樂、聞大自然的氣味，都能有助於提高、轉化能量。當能量轉化成較高的頻率時，心境自然呈現平靜、祥和以及喜悅的能量，那表示與高次元連接了。此時的你對周遭的環境和所處的狀態，會和先前的感受不同：不

再煩燥、憂鬱、低沉，心中自會生起一股清流和勇氣，對生命會有熱忱，也較充滿活力。

當能量進行轉換後，再進行「靜心」的程序，是較為容易的。靜心指的是和宇宙意識相接合，有些宗教所闡述的是有覺知的力量，有些是放空⋯⋯這些都是。

但在此，我所描述的是連接宇宙的網絡，穿越三次元的空間，和高次元的能量融合。當你做到的當下，會發現，原本存在你身上的負能量會消失許多，身體和靈魂沒有那麼重了。你漸漸能處在寧靜的狀態，你的觀察力和敏銳度也不同，處理人生的方式也不一樣，改變就會在身上發生。

靜心對日常生活是需要的，對你的人生和未來靈性的成長是必然的過程。

◆ 如果還是無法靜心，怎麼辦呢？

習氣的轉換並非速成的，「堅持」是你要做的，方法我們可以提供，但行動還是在你身上。不論情緒如何，就是做。當你一直不斷地去執行，不看結果，開悟的那天就即將到來。

戰勝習氣是要有持續力的，但你辦得到的。給自己一次機會，你不會後悔的，你會感謝自己的，我們都在關注你，給你輸送能量，一定要「堅持」！

> 三分鐘工具

連結宇宙能量

A：先將自己由三度空間抽離，想像自己坐在地球之上。
B：太陽之光照射你全身。

13 指導老師

祂們很會因材施教

祂帶著純淨和愛的能量與你連結

協助你在困境時轉換你的思考模式

當你們喜悅時　整個宇宙都笑了

指導老師和出處本源是略微不同的。前者是指：目前現階段需要教導的內容和方式，由適合的神佛（高次元智慧體）來給予教材和方式。

每位高智慧能量體，我們在此就稱為神佛、上帝，祂們來自的次元都不相同（但也有些是同一能量場），所以都有不同的專長（我們也有自己的文明），能教導的內容當然就不盡相同了。我們也會根據不同的學生給予編排不同的教材，會依據學生累世、今世和本源，總整理後才決定課程，也就是因材施教，過與不及則效益都不佳。

你是來自「多」次元的空間，靈性體驗和經歷較俱足，所以才會一下把你升至學習較高的題材（關於宇宙的意識能量）。其實我闡述時，孩子，你完全都清楚明白，因這對你是熟悉的，是你曾經走過的，只是現在整理成文章，讓你方便使用和閱讀。

指導老師會輪換的，有時會一次有好幾位，但往往視學生當下的處境所需，那神佛們就會集體來幫忙，讓學生能快速解決問題或快速成長。一旦成為你的指導老師後，我們的能量就永遠與你同在，也在你的靈性表格內，填上一筆哦！當你提升後，我們給予的內容會不同，即使是同一位指導老師，也會根據學生的程度再做調整。

指導老師在你們的生活中扮演極為重要的角色，祂能協助你們在遇到困境時，轉換你的思考模式，用更深層的意識在教導你們；或許一直無法解決的問題或疑惑的心境，祂能用全面觀照的角度，剖析事件本質與核心問題來告知你，教導你如何思考，有什麼做法會對你更好。

當你用更高意識來思維時，事件本身就轉化了，它被更高能量包圍，化解的力道加強了，變得容易了，有時甚至轉化了你的人生。

指導老師所做的是把這低能量場鬆綁，再把高能量意識注入，這就是流通了。一旦能流通，就能達到平衡，事件本身就不再僵化，而是轉化。

指導老師是高次元的智慧體，祂帶著純淨和愛的能量與你連結，當你和祂的頻率對焦之時，相對的，你們的能量也在互相交通。對你而言，祂可幫助你稀釋低層次的能量，讓你的能量純度提高，所以祂對你的靈性助益也很大。

指導老師非常歡喜你們與祂交流，因我們都是宇宙的整體，只是在不同的能量場域成長。當有一個生物體辛苦時，我們也會感受到的；當你們喜悅時，整個宇宙都笑了。因為我們全是宇宙大愛的化身，我們是一體的。

> 三分鐘工具

與高次元的老師相應

A：先觀想自己的全身為白色之光，乾淨無比。
B：頭頂上有三層，第一層為日，第二層為月，第三層為星辰。
C：用恭敬的心，祈求你的指導老師與你相應。

14 夢想成真

你的「痴心妄想」在高次元其實是家常便飯

所以「免費好康」確實存在一點兒也不稀奇

想像力＋好奇心＋挑戰力＝為夢想灌注能量

於是你就會懂得　什麼叫心想事成

「夢想」和「心想」有時是不盡相同的。就以字彙來說，「夢」是創造性和虛無的成分為多；「心」是較以物質實相為主軸，是以頭腦思考模式為重。在整個大空間的存在裡，夢想是比心想較為受歡迎和祝福的，因夢想在存在裡，也是一個表達方式，它的重量是輕盈的，在空間裡，受到的阻力小，穿越次元則較容易，高次元很容易接收到。

那高智慧的存有們，會匯整此事件的適當性，整理過後，形成一個能量投射回來，至你們的空間給你。它可能會用不同的形式來告知你，如一個思想（靈感），一段緣分，甚至於以一種學習過程來激發；會因人、因事、因時而有不同的展現方式，讓它演化成實相。就人類發展進化的過程裡，科技的發明和提升，往往途徑就是如此，高次元的智慧體常常會把他們空間裡正在使用的科技及科學觀，藉由某人，在適當的時間裡傳輸下來，幫助人類進化。

夢想是一個很美的狀態，它富於創造性和啟發性，不要抹滅它，應給予它更大的能量。不要害怕自己「痴心妄想」，在你們認知不可能的事，其實在更高次元裡，祂們早在使用中，就如你們的電視、電話、冰箱、電腦⋯⋯再理所當然也再普遍不過了。

未知可以創造美好的未來，無知則阻礙前進的道路。未知是尚未知道但即將會知道，只要加以想像力、加以好奇心、加以挑戰力，把夢想灌注能量，那就會「夢想成真」。

而「心想」的層面往往座落在物質層級上，它和三度空間的能量場域是較緊密連結的，所以在大空間裡是較沉重的，所組合的能量成分也較為繁雜。有些成分是不屬於高次元所擁有的，所以祂們無法接收到，那會形成斷斷續續的電流波，無法凝聚完整的能量團。高有的存在們無法辨別它為何物，那就更別說如何協助你了。

❖ 請問如何把心想轉化成夢想？

前述所提，夢想是較輕盈的，心想是較沉重的。那就改變內部的成分，去除雜質，使其變輕。首要其衝的是，先讓這個能量流通（動）起來，可藉由自我省思、宗教、身心靈⋯⋯等方式。當你內心感受到有感動和感觸的，那就是適合你的方法。當此能量流通不再固化（固執己見）後，注入一個元素——愛，愛的能量能化解所有沉重的雜質。它是唯一一條濾篩，經過這道篩子後，雜質在下，純淨在上，那通往宇宙大愛的管道才能順暢，夢想才能成真。

❖ 要如何讓自己有愛呢？

每一個存在都是愛的化身，你們的本源就來自於愛，你們就是愛的產物。你們的種種，包含身體、精神領域都是因愛而演化，成就了現在的你。愛就是你，你就是愛，根本不必外求，只是拿自己的東西出來使用。現在的人類對這真理所知太薄弱了，連「知」都沒有，更何況使用了！

使用是要鍛鍊的，也就是訓練出來的。在此我不討論深奧的道理，而是以大眾所需來描述：你們常說，「人不自私，天誅地滅」，這不是真理，而是荒謬的歪理。你們身體所有的細胞都是活的，它們是躍動的，所以分分秒秒都與宇宙大能連結。你們的空氣、水、陽光、食物……都是宇宙大愛所創造而來的，你們分分秒秒都在呼吸。每次的一呼一吸都是愛的能量。愛造就了你們現在的所有，包括你們現在所有看到、摸到、嗅到、聽到、感受到，全然都是由愛演變而成的，所以愛在你們身上是渾然天成的。

然而現今的人類物種，並不是處在美好的境界裡，是因整個大宇宙體系的運行軌跡有些失調了。

在宇宙大能裡是有兩股力量的存在，簡單的說就是正負能量；負能量並非就是不好的，它有存在的價值，它是推動正能量的一股動力。兩股能量在互相推擠中，產生

了另一股新能量，那就是更精粹的一種動能。而這股粹煉出來的動能，正是宇宙母體所要創造出新的生物和新的次元所需的材料。

不是只有你們面臨此種狀況，而是所有的次元都是如此。所以現在每個次元的存有都很忙碌，都在為目前存在的空間努力，協助下一級次元的淨化和提升。因整個宇宙系統要更新，每個次元的存有都要再造新的模式，包含了每個次元的生存空間和功能性。這是所有宇宙生物都必須參與的程式轉換，也就是生命體的再造。它沒有好與不好，而是必然的演化，你我都在其中。

現在回到你們的空間來說明，要先認知你的本有就是愛。但現今地球整體，愛的能量是不足的，也就是正面能量小於負面能量，那就無法擠壓出那股精粹的動能；所以我們現在的課題就是把愛釋放出來，而不是壓縮在深處裡。

人類為何恐懼「愛」的產生呢？就如前面我們所提及，正負能量是大宇宙所創造的，兩股力量的存在是必須的，所以在大自然造人之時，正能量場域有它代表的人在世間呈現，負能量場域亦然。這些人都具備強大的能量磁波，都是在這社會形態具有影響力的人，也就是各行各業的佼佼者。上至元首下至平民百姓，他們有時一個人的能量強度可勝過千萬人的總能量，所以他們在有形世界或無形世界裡，統御了多數人，也就是他們成為了領導者。

一方土養一方人，一群領導者成就一群領導者，而這群領導者卻主宰了多數人的生命。他教導你該用什麼方式來生存，該用什麼道理來做人，他們幫你分辨了是非好壞，訂定了生存法則，多數人只能跟隨和服從，於是形成了一套人類生存規則。

而它只是道理而非真相，它只是生存而非生命。生存是你爭我奪，弱肉強食，只為了活下來；所以大環境教導你自私才能存活，而你變成了行屍走肉的活死人，忘記了你的出處是來自哪裡，或者都不敢想起。意識告訴你，如果這麼做，你將會如何如何；於是恐懼戰勝了你的自性，用催眠法不斷地告訴自己，自私是對的，自利才是生存唯一法則。

然而真相並非如此，否則現今的人類不會有如此多的苦難，精神上的空洞，物質上的缺乏，情感上的糾葛。再再告訴你們，此條道路並非光明之道，並非受祝福之路，應該要邁向另一條自性之康莊大道，也就是與宇宙智慧（愛）連結之路。

首先，開啟你的心門。你的心一直是關著的，你已經習慣不打開它，或只開一小縫隙，那光的能量是無法進來的；既然光進不來，那「心」就一直處在黑暗裡。就如暗室，空氣不流通，沒有光線，時間久了，就長滿了塵埃、潮溼、陰冷、窒息⋯⋯它最終投射到你的生活裡，帶著沉重的步伐，艱困的走在人生旅途上。

相信我們，你們是不必如此的。我們有滿滿的光之源，有飽飽的愛之泉，一直想

流向你們，只要你們「願意」接收，什麼都不必做，就只是「願意」，你的人生立即就轉向另一條航道上。這條道路上，沒有缺乏，只有富足，只有你取之不盡的所有。

別再被你的頭腦（理性）玩弄了，清除陳舊的思維模式，重新設定新的軟體，你的「真正人生」才能啟航，也才能在未來新紀元的新人類裡占有一席之地。

這「一席」是非常珍貴的，代表你的生命是被高能量所延續的，代表你參與了宇宙大能的蛻變，代表著未來你生存的形態，和現今的你是截然不同的，它只有享受生命，沒有苦難生命。

總結此課題，人類目前面臨最重要的功課，就是啟動自身的靈性，打開那扇樞紐，帶著勇氣開創新的人生。

三分鐘工具

蓮花觀想法

A：先設定你想要的元素，如：成功、健康、平安、愛情、喜悅……
B：觀想一朵白色蓮花在你頭頂上（白色蓮花有清理、淨化的功能），把你想要的元素放置其內。
C：蓮花之上有一個粉紅色的網子（代表愛的能量）。
D：白色蓮花穿越粉紅色的網子，投射到宇宙大愛中。

15 愛與慈悲

慈悲與愛相同也相異
那份「純淨初心」如出一轍
慈悲涵蓋著「學習」的成分 她要你成長
「愛」則是所有次元的母親 她在你裡面

大部分的人皆把慈悲與愛混為一體，它們是相同但也相異。相同之處是在於：它們皆為良善的能量場域，皆為以多數人的最高福祉為初發心，也就是那份「初心」是純淨的，是以奉獻和利他為宗旨的。

然而微妙之差異在於：慈悲涵蓋著「學習」的成分，它有要你成長的元素，所以它會有劇本的形成。在這劇本裡，設定了你角色的扮演、劇情的編排與方向，誰與你共同演出，主角、配角的安排，時間的長短、喜劇悲劇……皆由宇宙大電腦精密計算後呈現在人間，根據每個人的生命課題所設計的，它包含了世間的種種訓練和靈性的升揚。每一個人的劇本都是經過完美的安排和精心規畫的。不論你喜歡與否，它都已經存在了，它都一步一步邁向你，因這是宇宙法則，也是最公平的法則。

與其說是宇宙給你的，真實的實相是你自己給自己的。人類在一世一世的演譯過程中，該學習的沒有學習完整，該穿越的卻逃之夭夭，不該為的而為之，該為的而不為之。遭糕了，你以為事過境遷，了無痕跡，揮揮衣袖一切與我無關。但你並不知，你本身就是部宇宙小電腦，在電腦裡記載你思想與行為的所有，然後全然儲存在記憶軟體裡。沒有一個事件、一個狀態、一個思想、一個行為、一個心念（即使是剎那間）能脫離電腦的記載。就如你們按了鍵盤，電腦必定執行程式的啟動，即所謂走過必留下足跡，做過必留下痕跡，想過必留下蹤跡。

而慈悲的大能依據你累世的課題，壓縮成今世的劇本，讓你們有機會化解層層的關卡，在劇情裡過五關斬六將，過七情六慾，斬貪、嗔、痴、慢、疑，才能粹取出自性大我的自己，才能符合在宇宙大能生存的條件。過程雖然辛苦，卻是宇宙造物者最大的關懷。

反觀之，「慈悲」二字為茲心非心，也就是此心非彼心，裡面皆是智慧，端看你們是否能領悟。

而「愛」是個最深的源頭，是所有產物的來源與根本，它包容了所有，涵蓋著整個宇宙大空間。因我們（包含人類），就是來自於她。以白話來話明，就是所有次元的母親。她帶著無條件的愛來包容你所有的一切，接受你造成的一切，永永遠遠的陪伴著你，因為你的細胞是她給予的，你就在她裡面，她就在你裡面，水乳交融，是生生世世化不開的關係。

她不會因為你的不好、因為你的過錯而離開你，她永遠都在那裡，所以你永遠都不孤單寂寞。但她希望你是要成長的，所以會交由慈悲（訓導主任）來教導你，提升你這個生命體的質能，能往更好的次元去學習。她對你最想做的是「再造新的生命體」，就是由現在的你，延續未來的你。

愛與慈悲

069

16 如何改變現況

你的感受是過程的體驗中 啟動自性的重要關鍵

以「喜悅之心」來體驗

還是以「悲憤之心」來面對？

明瞭箇中道理 選擇變得容易

就如前章所述，慈悲是有劇本的，是有要你學習成長的元素。當你領悟了這深層的智慧時，事情就變得容易了。那原本劇情的困難度和時間的長度，可在你「心念」願意臣服和接受改變的當下，高次元愛的能量即幫助你處理了一半，也可說是業力化解了一半，在那瞬間，個人的能量磁場也輕盈了許多。那其餘的一半呢？必須由你自己去經歷與穿越，在過程的體驗中，你的「感受」是重要的關鍵。

在宇宙公平法則裡，做過的必須要償還，功課一定要由個人來做完，但它可輕可重，可短可長，完全取決於你的選擇。當你明瞭箇中道理後，你以「喜悅之心」來走這過程？或以「悲憤之心」來視為煎熬？兩種不同的心境造就截然不同的結果。

當你以「喜悅之心」來面對與接受時，你會明白，現在所經歷的苦難，正是一步一步的走在償還的道路上。你已在償還了，這是值得拍手的事，因沒有償還不完的事。每個單一業力，所涉及的範圍和時間不會永無止盡的，除非你加入另外的成分進去。當你以平常心去償還時，那時間和輻射的區域，是以本然的面貌去做清算，就是一步一腳印；但如你以「喜悅之心」去償還時，那就如踩在雲端，快速地向業力說拜拜，因喜悅之心讓你和宇宙大能大大連結了。慈悲是要讓你藉由劇情和角色扮演而得以成長，而開啟自性深層智慧，並非要來折磨你，當你學習到了，功課也結束了，亦指業力清算完畢。

當程式啟動了，也就是業力的果報成熟了，那劇情就在大自然法則的推動下，以劇上演。如果你以「悲憤之心」來面對，那我告訴你們，狀況將會演變成如何？以比擬法來說明，或許會較易明白。

業力分為惡業和善業，在此我們探討的主題是惡業。我們將業力稱之為「因果樹」，這棵樹所需要的養分是恐懼、憤怒、哀悽、怨恨、不滿⋯⋯所有負面的情緒皆為它的養分來源。當你每投射一分負面能量，它則長大一吋，而你無時無刻都在供給它、餵養它。很快地，它由一棵幼苗長成了大樹，開始枝葉茂盛，開花結果。而這些葉、花、果就成了你生活中的種種障礙，它們把你團團圍住，讓你在財富、事業、家庭、健康、情感上屢屢遭受困難，讓你無法喘息。如你不清楚道理，又再加上負面情緒時，那這棵樹就愈長愈茁壯，愈來愈茂盛，開的花、結的果愈來愈多，那代表著你的處境將愈來愈艱苦。

那要怎麼做呢？就是斷除供給它所需的營養──負面的情緒。它的天敵即是正面能量。當你以正面的心態去面對與接受時，就如在這棵樹上灑以毒藥，它不但無法成長，還會萎縮，最終枯萎死亡。那代表著你的惡業消失殆盡了，你的生活逐漸脫離苦難，進入美好狀態。

現在是你開展自性內在智慧之時，這棵因果樹，掌握在你手中。

> 三分鐘工具

因果樹

A：想像自己是一棵樹,結了你想改變處境的果子。
B：祈求與你相應的最高力量,如神佛、上帝之光、宇宙之光……
C：由最高力量照耀這棵因果樹,使其果子掉落,最終此樹枯萎為止。
D：要以「喜悅之心」來做此功課。

17 錢

它是「能量轉運站」，你被它主宰了，還是你駕馭了它？

錢是一個中立的「能量轉運站」

錢就如天平　一端放著精神另一端放著物質

當精神面高於物質面　你握有主導權

當物質面高於精神面　你將由它主宰

「錢」這個物質，是人人所喜愛之物，但也是所有痛苦之來源。人們不斷地追逐它，將它形成了生命的所有，以它來代表你在這個社會的位置大小和輕重。人將它兩極化了，一是所有的泉源，二是萬罪的根源。

但它本不是如此的，它是中立的。它沒有喜怒哀樂，它沒有情感交流，它只是個能量，一個「能量轉運站」。它並沒有被賦予力量，力量是人給它的。你給了它什麼力量，它就形成了你所要的。一般人都給了它沉重的能量，那它在你這一生中，都變成了沉重的負擔。你不能沒有它，但它卻造成了你肩上無與倫比的重擔。

先了解，錢是一個能量，任何物體在地球上都是個能量，它也不例外。如何駕馭這能量？遠比你想如何賺錢要來得容易許多。當你懂得運用這能量時，所有賺錢的因緣際會，也就是緣分都會向你靠攏。這並非巧合，而是被安排。

如果只是用人性思維來想它，那你的能量往往低於它，它就主宰了你的一生，你就苦了！

在宇宙多次元裡，有「金錢」這個物質存在的次元並不多。會設定這個程式，是有特殊含意的。前面提及過，這是「能量轉運站」，也就是能量和能量轉換的媒介點，它是處於精神面和物質面兩者狀態中，端看你要把它放在哪邊的位置上。

它就如天平，一端放著精神面，另一端放著物質面。當精神面高於物質面時，你就握有了主導權，你的能量高於它，意思就是能駕馭它；當你的物質面高於精神面之時，則將由它主宰了你。

你們或許會想，在世上有許多人握有龐大財富，但他們並非良善的；他們並非處於精神領域，然而他們卻如此的富裕。在之前我們談過「宇宙的公平法則」；現在這些握有財富權力的人，在他們的累世裡，都曾經在金錢上做過良善的布施，而在這一世中，只是把他們曾經做過的迴向了福報給予他們，讓他們可在此世運用他們累世造就過的財富。

現在的你們，從此刻開始吧！不會晚的，所有的事情永遠都不會晚的，只要你領悟了，高次元多麼想將祝福給你們，多麼希望你們能在我們這裡滿載而歸，在地球上生活；我們多麼盼望著，將高次元的真、善、美落實在人間。

三分鐘工具

財富成就法

A：觀想自己頭上有一朵粉紅色蓮花（愛的能量），蓮花裡有個金光閃閃的元寶。
B：把蓮花輸送到宇宙大能裡。
C：呼求宇宙大愛後，說出或心中默唸：祈求宇宙大能，成就我的財富。

18 修行

當你一旦開啟靈性的覺知
就能接受宇宙的祝福　大方享用生命中完美的安排
「修」你的人性雜質　修你的能量提升
「行」宇宙給你的最高福祉　行宇宙給你的美夢成真

❖ 修什麼？行什麼？

人們在談到修行時，都感到一個「重」字，似乎走向此道路時，必須捨棄現在的舒適圈，而進入了一個框架裡，有諸多的限制和種種的條規，然而都陷入了宗教的迷失。宗教是好的，是依據人性的缺陷而存在的，繁多的設計只是要你找回清淨的自己，讓你給自己一個空間去改變性格的障礙，進而轉換生命程式。

深思一下：你現在的舒適圈，真的讓你充滿喜悅嗎？真的讓你充滿喜悅嗎？在我們看來，你們過得非常辛苦，「恐懼」充盈在你們的生命裡，永遠為生存在奮鬥，擁有的又害怕失去，就如同一個漩渦，愈轉愈深。幾曾何時，感受過呼吸的美好？你們一直用物質來填滿生活，認知這才是富足，這才是好的人生；為了物質又要千辛萬苦的去爭取，這是什麼人生啊！

不需要這樣的！當你開啟靈性的覺知，接受宇宙的祝福，那所有呈現在你生活中的各種機緣，都會是完美的安排，它就像水到渠成一樣的自然發展出來，而不是用人為的力量很用力的做出來。那個過程是輕鬆的，不是使力的；那個結果是感動的，不是哀傷的。

簡單地來說，修你的人性雜質，修你的能量提升，行宇宙給你的最高福祉，行宇宙給你的美夢成真！

找

080

修行

081

19 如何與宇宙意識連結

宇宙的本質就是愛 而你本身來自宇宙

所以「愛＝宇宙＝你」

「向宇宙挖寶」的恩典人人有獎

你本然俱足的愛 會指引你回家的方向

這事不難，人人都具備了這能力，這是渾然天成的功能。你們原本就是宇宙的一份子，原本就是愛的創造物，你們不和宇宙連結，那又能向何處連結呢？

人類就是喜歡繁雜化，原本簡單、自然生成的道理，要加上眾多的理論、求證、說明，才能相信，才能說服自己去認同。殊不知，你們認為「真的」，在我們高次元裡反倒是「假的」，這只是一場遊戲，一個劇本，一齣由所有人類共同演出的劇情，戲演完了就結束了；你們反倒來真的，爭的你死我活，鬥的滿目瘡痍。不該如此，這只是虛擬世界，只是要你們在角色扮演的過程中，鍛鍊身的堅定、心的柔軟、靈的揚升，並非生生世世要你繼續演下去。

依你們的世界來闡述，演員經過多重角色的訓練，演技精湛了，領悟其中的技巧，然後以最高榮譽得了最佳主角獎，往更好的前程去；而沒有得獎的演員，再接同等質的劇本，再磨練演技。以我們來看你們，你們都只是演員，戲終究會演完，等到劇本殺青了，你會在哪裡？這才是我們關注的。

當你在世間得到最佳主角獎時，宇宙大愛會帶領你到更高次元，而你就是高次元的新生兒，是倍受寵的。

各個系統的神、佛、菩薩、上帝,也就是高次元的智慧體,祂們都在尋找祂們系統的新生兒,祂們也必須在整個宇宙大空間,茁壯自身系統的能量。所以當你靈性提升到一個程度,進階成為高品質的靈體時,各個系統都會大開大門,歡迎你的加入。

如同你們聯考,當你的分數高,你就有選擇學校的權力,意思是一樣的。

與宇宙連結,為的就是要帶領你到美好的地方,不要生生世世輪迴,功課一直重複做,愈做愈苦,那生命的「價值」就不在了。

如何連結呢?前面幾章,其實都已在告訴你們了。先了解宇宙的本質是什麼?它是「愛」。再了解,你本身來自那裡?來自宇宙。所以愛=宇宙=你,答案出來了,那方法也出來了,啟動自身本有的能量:愛。

三分鐘工具

化身粉紅之光

A：觀想自己全身充滿粉紅色之光（愛之光）。
B：觀想粉紅之光的自己在星際中。

20 二個你

「你」究竟「有幾個本尊和分身」
「你」究竟「還有沒有更高級的存在意義」
要合一還是分裂　看哪個會讓靈魂安心
選擇權永遠在你手裡

你有二個你，一個你是存在三次元的空間，帶著肉身、帶著無明，生存在較低文明的空間裡，用有限的能量運行在宇宙的大能量團裡，很是難為也很是掙扎。因上而行的能量常會招喚你，下而行的能量又常會綑綁你；你常游移去上或下，或常上上下下。就如同你們面臨食物時很難抉擇，好吃的往往對身體有害，對身體有益的卻常不美味，能兼顧健康與美味的食物，似乎較難得，但並不表示沒有。是有的，只要你取得方法，那方法就是平衡。

平衡的方法有幾種，一種是調整心態。當你體會到健康與病痛的差異性時，而你所要承受的是截然不同的狀態，也是完全不一樣的生活品質。領悟了之後，你會發現，你味覺似乎慢慢在改變，以前認知不美味的食物，現在品嚐起來卻有另一番風味。食物沒變，變化的是你的意識（你的意識改變了食物的味道）。

另一種的平衡方法是，你還是你舊有的味蕾，好吃的還是好吃，不美味的依舊不美味，但你慢慢懂得交叉食用，美味與健康的食物均衡分配，以致於不失衡。

那最糟的情況是，完全的無知，沉淪於味覺的享受，以至於身體像顆不定時炸彈，隨時處在危機之中；有時當你覺知時，卻已來不及挽救了。

用「吃」來比擬，是因為人類對食物是執著與沉迷的，就如同你們的身、心、靈對物質面的追逐和欲望，這樣就很容易懂了。

上上之人，懂得領悟之後採取最好的行為，就是提升自我的意識，進而轉化生命，就前面所述，意識改變了味蕾。上之人，則用平衡方法，改變目前的處境，但無法轉化人生軌跡。下之人則渾沌無知或毫不在乎，那生命之路也就坎坷不安了。

這樣的二個你，由你自行決定，因宇宙完全是尊重個人意識、意願來成就你的。

而你選擇合一？還是分裂？決定權在你手中。

> 三分鐘工具

合一法

A：觀想自己頭上有一個全身充滿金色之光的自己（本我、大我）。

B：由上往下，金色之光的本我慢慢座落在自己，成為一個自己，即達合一。

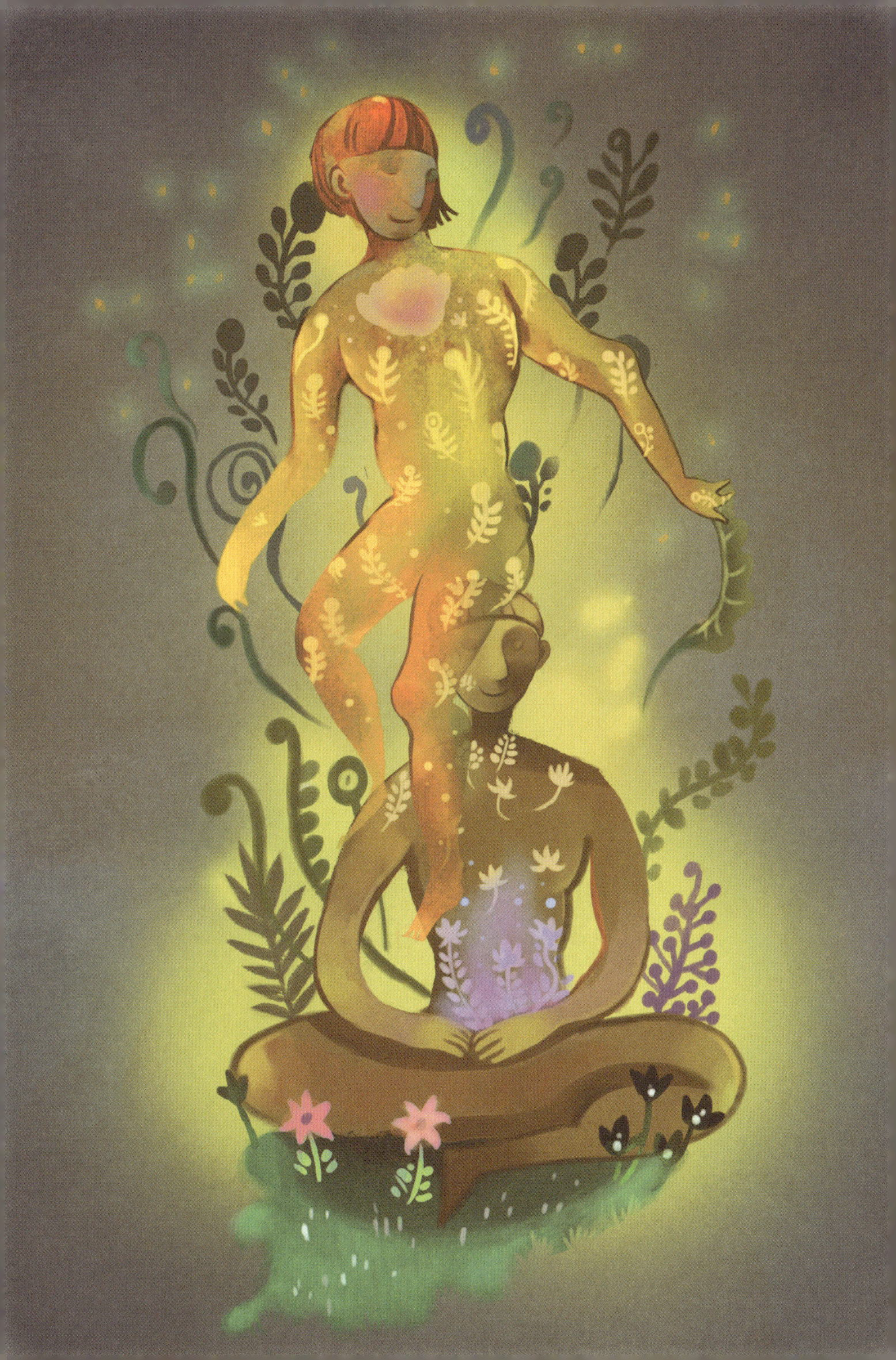

21 感恩與感動

不入心就不是真的感動
感恩則是和宇宙接軌最容易的頻道
看感動如何改變你的人生
讓感恩徹底轉化你的生命

人們常說「我好感動哦」，但往往都只是處在觸動的層面上，而非深及至內心，可能過一小時或數天，這份觸動早已消聲匿跡。因觸動是很淺層、很表面的，來去像一陣風，不會留下印記，只是暫時的感受。

而「感動」則是全然不同的境界，它會進入你的細胞，強化你的振動頻率，釋放掉存留在你體內的負面能量，進而改變你整體的能量本質，是身、心、靈轉化的一個很好管道。

而「感恩」則是和宇宙接軌最容易的頻道。因你的能量質化了，在宇宙大空間裡，你釋放出「光」的質能；而高次元就是由光形成的，祂們會循著你的光找到你，而和你連結，進而幫助你在地球上的所需，提供支援。

怎麼分辨「觸動」、「感動」？那就是「眼淚」。造物主在人類身上所創造的任何器官，都有形而上的含意，只是人類所知甚少而已。

就以眼淚而言，它不只是淨化和保護眼睛的功能而已，它含有情感的傳達和情緒釋放的成效。常哭是非常有益的，它會讓你健康，也會變正面的。這麼好用又簡單的工具，你們卻刻意要壓抑它，唉！非明智之舉。

當你因一個事件、一個狀態發生時，你的感受強度會讓你不由自主的流下眼淚時，那表示這感受強度是已進入身體的細胞。透過眼淚，你的細胞激活了，一股新的生命進來了。

「感恩」，並非只是你遇到好的事情才能油然生起的，反倒是當你遇到困境之時，你能逆向思維，明瞭到「困境」是來幫助你的；它是你穿越自我和成長的老師，不恐懼不擔憂，以坦然之心面對與接受，甚至謝謝它的到來，讓你有成長的機會。因你清楚明白的知道，它只是位「老師」，當你學會了課題，老師就下課了。

感動改變了人生，感恩轉化了生命。

22 心的未來

心是一個自由心證的能量場
心是一艘沒有方向的船
身為船長的你 就是要「找到地圖」與「定位方向」
別一直當個傻瓜 在名副其實的苦海裡沉淪

「心」在宇宙空間裡，有繽紛的光彩也有暗沉的色彩，時而奪目時而沉寂，飄飄盪盪的。它很難以安靜下來，千千萬萬個分子聚集在它體內，任何一個分子的變化都會牽動著它，讓它起了改變。一旦它改變了，你的人生際遇也隨之改變。

心是沒有方向的，掌舵的是你，它只是一艘船，船長是你自己。駛往哪個方向，所到的目的地都不一樣，端看個人的決定。

而身為船長的你，是否會駕駛這艘船，還是連它基本的功能設備你都不了解？甚至有些人還不知道自己有艘船呢！船的意義在哪？船是要帶領你的靈性到祂想去的地方，沒有了交通工具，你只能原地踏步地處在現況裡，周而復始地踏著再踏著，始終找不著出路。

身為船長的你，要先找到地圖，才能在茫茫大海裡，定位出方向。而那地圖就是人間良善的宗教、身心靈課程、善知識、書籍、老師……只要你有相應的，就是適合你的。地圖是個工具，善用工具是你這船長的職責，否則整艘船將會迷失在大海裡，甚至覆沒到海底裡。當你找到地圖，又會使用船隻的設備時，那目的地就不遠了。

或許你會想，心的未來和現在你的生活有何關聯呢？關聯很大，影響也很大。心的品質愈好、層級愈高，那你的生活處境就愈富足，包含了物質富足、情感富足，

更涵蓋了靈性富足。身、心、靈永遠是一體成形的，缺一不可，一但缺少任何一項，那你的生命也就終止了。身、心、靈，心放在中間，意味著它往下連結身、往上承襲靈，所以它處在一個非常重要的關鍵位置，它就是頂著天立著地，所以你們要很關注，它跑到那裡去了？

身、心、靈在你們這個次元是鐵三角，也是生命的根基，否則你們的生命就垮台了。但在較高次元裡，我們沒有身，所以我們是很輕鬆的。我們是用心的意識在宇宙裡運行。在又更高的次元裡，早已脫離了身與心，全然以靈，也就是能量（光）與宇宙母體合而為一。所以我們高次元的生命體，沒有苦痛，很是喜悅，我們沉溺在愛的光輝裡，被宇宙母親全面觀照。

你們也可以來到這樣的世界裡，因為你們也是宇宙母親的孩子，只是你們目前還有尚未學習完的功課，暫由「慈悲」來教導。當你們學分修完了，畢業證書即會分發予你，也就是你在三次元的學習完整了，即將可到達更高的次元空間去。那我們真的真的很恭喜你，因這裡的世界非常美好。

別當傻瓜，逗留在你們現存的空間裡，這樣你和「苦」就劃上等號了。

身為船長的你，趕快找到地圖，駛著你的船，到達生命真正的淨土。整個宇宙都展開雙臂，歡迎你們，也用更多的祝福給予你們。

> 三分鐘工具

綠光重生法

A：觀想自己的體內,一道綠色的光,順時鐘不停的旋轉。
B：綠色的光有重生的含意,旋轉有增強和收攝能量的功能。

23 打坐

「打坐」是沉澱自我觀照內在　和自己相處的一種方式

幫助你聚焦鎖定自身磁場　和宇宙大能量團接軌融合

如同收音機　你必須先找到頻道對準它

空中電台才會呈現

人類把「打坐」定意為宗教行為，其實不然，它是沉澱自我，觀看自己與自己相處的一種方式。它極好，能幫助你整理自己和周遭的人、事、物，釐清自己的思維和找出更好的模式，來處理你現在所面臨的種種處境。常做吧，對你們有很大的助益。

人的磁場和能量在整個大空間裡，遊移的非常快速，也就是非常善變。現在的想法，可能下一秒因為一個人、一個事件，就又產生了變化，它可好也可壞，往往你自身都難以控制。

而透過打坐能凝聚能量、穩定磁場，達到聚焦的功能。當你能鎖定自身的磁場能量時，和宇宙大能量團才能融合，才能接收和放射，接收高次元的給予，放射你需要祂們的協助。如同收音機，你必須先找到頻道，對準頻道，才會有電台的呈現。

打坐的原理即是如此，每日的紛紛擾擾，很難讓你找到頻道，那和宇宙的連接常常出現斷層，收不到也發不出去，所以祝福也拿不到，困難也得不到幫助。聰明的人要善用此方法，它不是宗教儀式，而是連網，連接宇宙網絡的方法，也是能改變生活、轉化生命的捷徑。

> 三分鐘工具

連接宇宙網絡

A：觀想自己的體內有一道螺旋的粉紅色之光，如彈簧。
B：由頭頂發射出去。

打坐
101

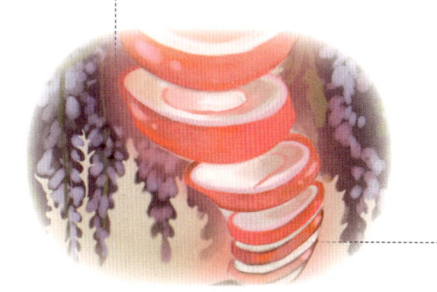

24 人與大自然

大自然沒有人類依然延續　但人類沒有自然則將滅亡

就像人類沒有水無法存活　而水沒有人類它依然運行

人類與大自然　希望有機會成為好鄰居

好鄰居都願意愛鄰如己

人依存在大自然界裡，大自然可以沒有「人」這個物種，它依然繼續延存，但人沒有自然界則將滅亡。就以水為例，人類沒有水則無法存活，而水沒有人類，它依然運行，不會因為沒有人，它就不存在了。由此可知，孰為重、孰為輕。

但人類的無知與貪婪，將自然界破壞殆盡，還自以為是地球裡的王者，任意操控地球自然生態的所有。這種愚痴與自大，我們高次元甚感痛心，而大自然界的總體靈性，也已感到不安與憤怒。

它們無條件的供應人類所需，但如今人類卻以此回報；它們已不歡迎人類這個物種了，它們會以自身的方式來驅趕人類。它們是不需要你們的，你們卻不能沒有它們，這個原理，人類必須痛定思痛的去領悟。

然而我們是不能插手的，自然界有自然界的規律，天道有天道的法規，任何次元都不可逾矩。我們能做的就是⋯將高靈質的人，帶回到高次元去，而其餘的人們交由自然界去處置。因它們是奉獻者，它們有主導權，人類是被照顧者，卻喧賓奪主，自以為是控制者，那即將發生的狀況會是不好的。

自然界的包容度是很大的，所以它們在宇宙裡扮演的是無條件的付出，供給地球所有生物的需求。然而其他生物只拿取生存的資源，自然界是歡迎的，因這是它們存在的原因。但人類掠奪了，把自然界的奉獻視為理所當然，更把寶貴的自然資源用於沉淪享樂，把它們視為生財工具，甚至導致戰爭、殺虐。

它們是真的憤怒了，所有的事件將會一一上演，而你們能做的就是快速提高靈性，讓自己有機會到更高次元空間去延續生命。

三分鐘工具

體會大自然

A：想像自己在你喜歡的自然界中，如大海、森林、花叢……
B：以最輕鬆的方式，如坐、躺……
C：多次深呼吸，去體會大自然給予你的感受

25 未來的你

時間是「完成事情」的一種方式　是人類確保學習的最好制約

只關心「在時間設定裡的你」卻不知「真正生命的自己」未來在那裡

這其實是本末倒置

「未來的你」掌握在「現在的你」手裡

「未來」這個名稱，在地球的時空裡，象徵著是尚未發生的含意；而在宇宙空間裡，它是進行式。我們並沒有時間，時間是較低次元才有的設定，是為了要有次序、要有規則，否則人類會大亂。因三次元的靈質還不夠高，需要規矩來制約，而「時間」就是人類最好的制約。何時該吃飯，何時該睡覺，何時該上班，何時該完成工作任務，何時為人子，何時為父母……都以時間來規範，這樣人類演化的腳步才會一致，否則，何時會崩離，人類生物無法繁衍。

然而真正的生命是沒有時間的，它是無止盡的存在。身體會死亡，然而生命在宇宙裡是沒有終止的，甚至不斷地精粹與提升，成為更好更高的生存體。而現在的你卻只認知到，未來的自己會過什麼樣的生活，扮演什麼樣的角色，只關注在時間設定的你，卻不知真正生命的自己將在哪裡。

把在有時間設定的你過得好是必須的，因你的身心靈平衡了，才能感受到真、善、美，才能有明亮的能量，在這世終結時，才能進入宇宙大能量裡。否則即使我們願意帶領你們到高次元，但你們即使到了，卻也無法存活下來，因彼此的能量無法相融，你們會被彈出去的。

「未來的你」是掌握在「現在的你」手裡，在每日過日子的你，稍停片刻，挪出丁點的時間，思考想往哪裡去？

未來的你

109

> 三分鐘工具

光的成就法

A：依據你目前的狀況和需求，以不同顏色之光來幫助你，和成就未來的你所想要的處境。

26 喜悅之心

你穿越了自己人格特質中的瑕疵　突破障礙成長的個性或思維
用自身的力量改變了固化的自己
把自己從裡到外　從舊的變成新的
那是一種真心的悸動　一種深入細胞的感動

世間的酸、甜、苦、辣是由感受外在的環境而來的，它們不會停留很久，隨著時間的演變或另一事件的發生，就淡化了。這樣有好也有壞，好的是容易釋懷，壞的是不易記取教訓，錯的又再錯，如同你們所說的，「勇於認錯，打死不改」。這是愚痴的做法，只會讓自己必須學習的課題愈來愈多，時間愈來愈長，阻礙你前往美好的人生，乾枯你的靈性；在不必要的處境中打轉再打轉，如同陀螺，轉啊轉，生活轉的頭昏眼花，值得嗎？

「喜悅」與快樂和高興是不同的，應該說是深度不一樣，層級也不一樣。快樂與高興是來匆匆去匆匆，沒有底蘊沒有內含物，只是擁有外相的東西。會擁有，那就代表也會失去，那是沒有可「回味」的滋味。

如同你吃了美味的食物，在那幾秒裡，你的味蕾是高興的，但經過咀嚼後，進入了體內，美味即消失了，只是成了身體的養分而已。這不是不好，只是它很短暫，但人們卻為了很短暫的狀態，窮盡一生去追逐，甚至掠奪與互相廝殺，在我們看來，真是感慨萬千啊！

然而「喜悅」是有情感的、是有能量的，它代表著你與自然界在交流，交流彼此的正能量，更擴大自身的能量圈。

何謂「喜悅」？就是你穿越了自己人格特質中的瑕疵，你突破了障礙自己成長的個性或思維，你用自身的力量改變了固化的自己，把自己從舊的變成新的。那是一種心的悸動，一種深入細胞的感動，你身體所有的五臟六腑都對你獻上感恩，因為它們是活的，它們是有意識的，它們和你是一體的。

你的改變，也讓它們和宇宙相連，增強它們的能量，以致它們工作量能不這麼多、這麼辛苦。你由舊的變新的，你的器官也是會如此，那你的人生更是如此。

改變自己真的很容易，只要你起願心，我們一定會來協助你們的。

A

> 三分鐘工具

新的自己

A：觀想用白色之光,清除舊的自己。
B：用綠色之光,重建新的自己。

27 話語的力量

你不需要辛苦過日子
而是你自己像個磁鐵
把真善美運用磁力吸引過來
留心每天所說的話語　會很快改變你的處境

說話是一種表達，表達著你「所思」、「所想」，那下一步就可能到達「所行」。

不可小看由嘴巴說出來的隻字片語，它是內藏在你心裡所投射出來的能量。好的話語如同花般的芬芳，壞的話語如同腐爛的臭水溝，滋生著各種細菌，會侵害自己和別人，既害人又害己。

語言是一種力量，在宇宙裡透過聲波傳送出你的意識，檢視著你能量的亮度。當你惡言惡語，那能量團會呈現暗沉，你與宇宙連接到的就是低層次的能量，也就是代表著低層級的人、事、物會找上你。因是你主動招向它們，彷彿在召喚它們「我在這裡，請來找我」，那你的生活即將面臨到麻煩的事件，甚至層出不窮。

真的別小看每天的一言一語，它代表著你的運勢走向。

埋怨的話語吸引著你埋怨的事來發生在你身上，怨恨的話語引導著怨恨的事件走向你。每天說話的內容，切切實實關係著你每天會遭遇到何種處境、得到什麼結果。

人類設定說話是用來溝通彼此的想法，讓事情達到解決，用話語來表達情感的交流，讓人類世界充滿溫暖、愛與和諧，讓人類集體意識是良善的，這是造物者的用意。

但你們扭曲了這美好的用意，你們用言語互相傷害，互相批判，甚至一言不和即引起爭戰。但你們不知道宇宙的奧祕，「出去什麼就會回來什麼」。你自以為得到了快感、吐了口氣，哪知，這些全數會回到你身上，吸附在你的能量裡，一一會因你的話語，呈現在你的生活中，發生事件由你自己所造成的果實，必須由你自己去品嘗。

「口吐蓮花」，是高次元給予人類很簡單卻很深的含意。蓮花代表著淨化，也就是要人們透過話語的淨化達到身心靈的淨化。當你愈乾淨了，表示你的靈性純度愈高，亮度愈有光彩，那好的、美的事件都會自動找上你。你不需要用力地過生活，而是你像個磁鐵，把真、善、美的人生運用磁力，呈現在你的生活中。

留心每天所說的話，會很快改變你的處境。現在就開始做吧！成效遠比你想像中的快速呢！

28 分別心

當你了解　一切萬物在本質上同源一體
你怎麼對待別人　你就是怎麼看待自己
當你在分別他人時　你其實在切割自己
這樣做　只會讓自己變得更加破碎支離

萬物是有劃分的，萬事萬物在宇宙裡都有它們獨自的位置，也就是各自的空間。有時會各自相吸形成一股較大的能量，讓實相產生的生活中，形成了一個故事的開端，進而劇情也陸續跟進。

至於「分別心」，要看你把它放在哪個角度上。如果以能量場域來看，它是好的，因為不同的能量造就不同的境遇，這也就是我們再再告訴你們的，淨化自己、提升自己的能量，就能改變人生。

當某個人、事、物或者環境，讓你感受到不舒服或壓迫時，也就代表著你和現在的能量場域不融合。不相融的原因，有可能是你的意念和對方（人、事、物、環境）是相背道的，產生了排斥的狀況。

在你推我擠的振動頻率中，你的體感會告訴你，它不舒服，甚至希望你離開目前的狀況。這是個好方法，有時抽離是最好的解決方式，它可以讓不好的能量不要再擴大，也讓推擠的頻率暫時緩和下來。否則又將引起了惡之因，造成了惡之果。

反之，如果是讓你覺得舒暢、自在的體感時，則停留在對方（人、事、物、環境）裡多待片刻，讓自己和現在的能量接合，則你自身的能量場域會擴大加強，也就是借力使力，能讓好的事件再加大力度，呈現更好的實相。

如果你能多一份敏銳度，多一份分別的能力，那你的生活則會輕鬆與容易。

「分別心」在人間，通用為對階級高低的對待，這是一種心態的問題，一種對宇宙觀不透徹所衍生出來的產物。當你了解所有萬物本一體時，你分別他人的心即是在分別自己，你在分割別人時即是在分割自己，那只會讓自己變得不完整、變得支離破碎。當你怎麼看待別人時，就是你怎麼對待自己。

「分別心」要用在能量的轉移上，不要用在心念的態度上，那你就是智慧之人。

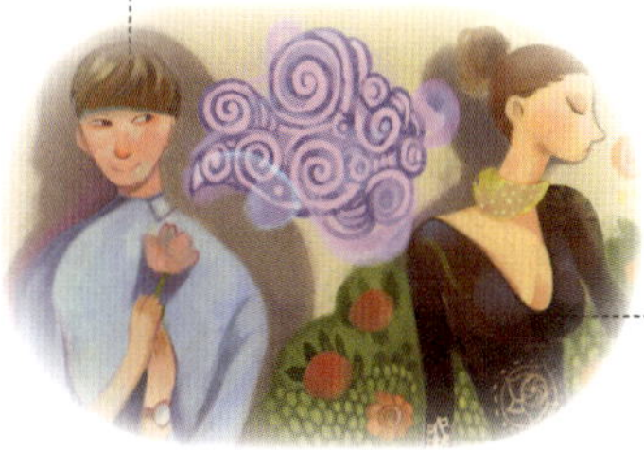

29 人類的情感

人世間的任何情感　都是要給彼此力量
良好的情感交流　讓人在宇宙預留的一席之地裡
增進對方與自己的能量圈
修得一個出死入生的終極出路　才會有真正的自在

這是一個比較深的問題，關係著環環相扣的緣分，要一層一層剝絲處理。對於你們會是一個大工程，所以在此我們只給予一些觀念上的指導。

情感是有顏色的、有亮度的。有時是單一色彩，有時是多種色彩，甚至有時是非常繽紛的。亮度愈高的，呈現的光芒也愈大。

當你們和對方關係良好時，彼此給予的色彩和亮度都非常足夠，那就會是1＋1＞2的能量，連周邊的環境都會被渲染，周圍的人也被感染了。這是一個很美的狀態，一種很深的感動，生命本該是如此的。然而現今的狀況並非如此，人類彼此間的情感常處於糾葛與無奈中，走不開又放不下，形成了彼此間的折磨。

不論任何情感，親情、愛情、友情、師生情、同事情……都是要給彼此力量。當你在扮演一個角色時，雙方之間是和諧的，則代表著你的能量圈擴大了。當你又跳到另一個角色時，也能和對方相處愉快，那代表著你至少透過兩個人以上來增大了你自身的能量。

想一想，現在的你扮演了幾個角色？意味著你就有幾個「能量的入口」。

透過良好的情感交流，大家都能在宇宙空間中增進對方與自己的能量圈，從個人至家庭、學校、公司、社會、國家、地球；那第三次元的地球，三度空間的人類，將可藉由集體意識的總能量，躍升到更高的文明。

當你在情感遇到阻礙時,先停一停,緩一緩,別急著用理性思考來看待;將理性、感性皆放在旁邊,以能量處理來做最先的導引,這會最快速達到你想要的結果。

將有顏色的光投注在對方(人、事、物、環境)感受顏色,感受亮度。

如果你無法感覺到顏色,那就在你的意念裡呼喚粉紅光,你call它,它隨即就到的。粉紅色光有關懷、愛、祝福的能量頻率,能讓當下不好的狀態,騰出「空間」來。只要有了「空間」,那能量就不會阻塞,就像不會塞車,那能量就流動了。只要能流動,表示著彼此的關係在轉化,再加以亮度的投射,那改善的速度,會更加快速。

不先以理性、感性來處理世間法則,而是懂得運用宇宙法則來協助人間事,那你的每一天就會如魚得水,過得自在。

三分鐘工具

光與亮

A：觀想自己和對方（人、事、物、環境），面對面的坐著。
B：用自身感受到的光之顏色輸送給對方，再加以亮度（如無法感知到顏色，則以粉紅色之光即可）。

30 穿越自己

書寫就是在進行「靈性自體解析」
透過文字跟自我對話
靈的能量就會具體成實相
簡單就是大智慧 愈簡單就愈有力量

「穿越」似乎是翻山越嶺、竭盡所能才能抵達目的地,好沉好重。你們常說「搞定自己」是最難的,最大的敵人是自己。一旦有這樣的意識存在,那就會出現在你的人生中永遠跟隨你,直到你把這想法清除掉為止。

先把這觀念從你的記憶體拿走,排除掉儲存在你身體的陳舊能量。了解到自己是誰,是由什麼演化成實相的你。在宇宙大能裡,你占了什麼位置?能夠運用什麼工具?有什麼功能?在前面的章節裡,都已清楚的告知了,只進不出是無法真正學習到,也無法真正內化到你的細胞記憶體。用筆、紙寫下來,別只用頭腦想,用想的很快就沒有蹤跡,來有影去無蹤。

當你能領悟宇宙中的真理及宇宙中可以給你使用的工具時,那穿越自己的能力,則如螞蟻過山洞,這般輕鬆;但如你要以自身的力量穿越自己,則如大象過吊橋,搖搖擺擺、忐忑不安,這般艱難。

人類的頭腦喜歡繁雜化,所以把地球的能量弄得非常混濁,這是一件麻煩事。其實愈簡單的愈有力量,因純度、密度愈高,反而愈容易成形。夾雜了很多想法,能量就無法單一,投射到宇宙中零零碎碎的能量,無法具體成實相,回歸到你的生活中。簡單就是大智慧。

三分鐘工具

深呼吸法

A：深呼吸可平衡自己的能量（陰陽能量平衡）。
B：在深呼吸中，可啟動自我「療癒能力」和「自救能力」，幫助你穿越自我障礙。
C：透過呼吸法亦可和宇宙意識連結。

31 鬆

唯有先做到鬆　才能啟動流通

一旦能流通　事物就會依本然的面貌呈現

摸樹　淋雨　踩泥土　躺草坪

自然鬆就會自然通

「緊」與「鬆」是相對立的關係，但它們有重疊的關連，也有迴異的差別。

先由緊的含意來探討，緊顧名思義是硬的，是較沒有彈性的。它會呈現一個狀態，就是所有的細胞緊黏在一起，你加我，我加他，他再加他⋯⋯無限的疊加，層層又疊疊，最終形成了硬化狀態，身心靈固化了，也失衡了。這樣的你既辛苦又難過，也就是你被它綁架了。

想想，你被繩子一圈又一圈的綁住身體，動彈不得，那會舒服嗎？甚至想吸一口大氣都必須使盡全身力氣，這樣的狀態當然難過了！唯有將繩子解開，你的手腳、身體才能活動，才能透過神經的傳導，行動自如。

反觀之，生活也是如此，別讓那條繩子困住你。大部分人都被它套住了，如同機器人，硬硬的失去了彈力，也就是失去了真正的生命原力。

鬆是流動的原始，唯有先做到它，才能啟動流通。一旦能流通，那所有的事情就會依本然的面貌呈現，甚至往更好的處境邁步。

那要如何由緊走向鬆呢？那奧祕就在「大自然」。

人類與自然界共存，當然有它的道理存在。你們具有互助的關係，人類的負能量，有時卻是它們的肥料。自然界供給生存的元素，空氣、水、陽光，是它們在宇宙空間裡必須釋放出的能量。也就是：有時你們的負，是它們所需的正；它們的負，是你們所需的正。你們加它們，就是一個很棒的組合體。了解了這個原理，就要懂得運用，透過彼此的力量、彼此的感恩，讓整個地球形成一個更高更好的能量場域。

觸摸大自然，能最快速排除緊繃的細胞能量。摸樹、踩泥土、躺草坪、淋雨、森林浴，在大自然裡做深呼吸⋯⋯舉凡能與自然界接觸的，對你們都是絕對的幫助，透過它們的力量淨化了自己，幫你洗了一個身、心、靈之澡。這是一個恩典，善用這恩典，常做這恩典，會造就你意想不到的結果。

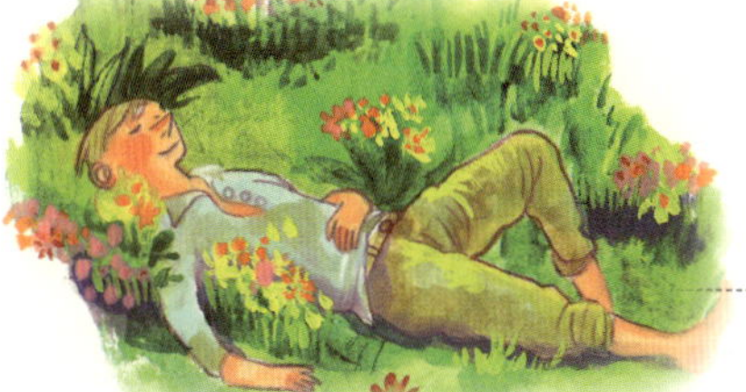

32 持續力

藉由食物的力量來保存自身所需的「能量值」

你的細胞有了「集中的力量」身體也會較健康

懂得運用光的力量　你的生活將如沐春風

集中力量　增強了續航力　夢想就能繼續

你們要有力量並不難,但要持續性的維持力量就不容易了。關鍵在於你們的能量容易分散,不容易聚焦,常因時間的走動和生活周遭的變化,就把聚集的能量打散了。

每一個細胞都具有自己的磁場能量,它能獨自發射和吸收能量。當它們各自分化、各自運行時,代表著你整體能量無法統一、無法集中,呈現分散狀態。一旦分散了,你很難把一件事完整的處理好,也很難把一件事持續性的執行,造成心有餘而「力」不足;這個力就是力量,也就是能量,不足的原因來自於它被分散了,無法集中。

那要如何集中呢?有兩個方法。

第一是借用「食物的力量」。最快速的能量來源是「種子」,植物的種子具有充沛的能量,因它們儲存了良好能量,準備演化成另一個生命形態(植物)。可食用不同顏色的種子,如紅豆、綠豆、黑豆⋯⋯讓你的細胞增強原始能量。所以當外在的能量來分散它們時,細胞有足夠的動能來應付,還可保存本身所需的能量「量」。這樣你的細胞就有集中的力量,身體也較健康。

第二是借用「光的力量」。光來自於宇宙，它具有宇宙的大能，更具備高次元愛的元素。難能可貴的是，你隨叫、它隨到，不分時間、不分場合，只要你需要它、招喚它，它馬上到你的身邊來協助你們。懂得運用，經常使用，那你的生活就會如沐春風。

當你們覺得持續力不足時，不要責備自己，那只會讓能量分散得更快。運用這兩個方法，集中了力量，也就能讓你的持續力維持下去，增強了你的續航力。

持續力

137

三分鐘工具

收攝能量

A：觀想自己體內有棵由種子長成的植物。
B：宇宙之光藉由頭頂照射此植物。
C：可冥想此植物慢慢長大。

33 自我

「我」這個字眼非名詞而是動詞　代表著「意識的流向」

「打破自我」的最佳方式就是「加新的東西進來」

當你伸出援手一分　宇宙大愛將會回饋你十分的恩澤

如果你真的會算　會知道這交易非常划算　也非常值得

「我」這個字眼，並非名詞，而是動詞，代表著意識的流向。這個流向的點，只關注在自己的身上，自己的感受上，自己的得失上，自己的喜惡上。

那股流雖然在流動，但在極小的場域裡反反覆覆的流轉；能量沒有出去也沒有進來，舊的還是舊的，髒的還是髒的。甚至時間久了，舊的髒的會形成污垢，或變成一灘無法流動的水，在那蚊蠅滋生，細菌病毒蔓生，臭氣四溢。而你每天帶著這樣的你一起共同生活，那你和周圍的人會愉快嗎？

打破自我的方式就是加新的東西進來。新的進來，舊的就會被除去；乾淨的進來，髒的就會被除去。因空間是有限的，它就只容納一定的量。如同你們換季，收冬衣，放夏衣，因衣櫃的空間是有限的。

在「我」這個有限的空間裡，你想裝什麼、想放什麼在裡面？裝了什麼放了什麼，就成了你的人生，也就是形成了生命劇本，然後你依據劇本過每一天。

現今地球就是由七十多億的「我」，形成了一個「大我」，這個「大我」代表地球宇宙中的位置和分量。這個「大我」也有每一天，也有劇本，也有它的人生。它承擔著人類文明演化的過程，和未來的去向。

然而這個「大我」，裡面包含著你們每一位，他是你們人類總體的代表，你們和他是血脈相連無法切割。你們每一個「我」的所做所為、所思所想，成就了這個「大我」在宇宙中的命運；而這個「大我」的命運，形成了每位人類的生命趨向和生活形態。

由此觀知，你們每天散發出何種能量，宇宙都接收得到。而影響的並非只是個人，包含著你的家人，你所關心和愛的人，至社會、至國家、至人類、至地球、至宇宙，所以你是何其重要啊！

了解到自我在宇宙中的位置，就可得知，當你身為人時，每一個人都有先天的使命，就是擔負人類族群未來的進化和演化的任務。

會在此提及這個真理，是要你們打開陳舊的觀念，摒除以自我為中心的壞習氣。

人類存在這個問題太久了，由此衍生出的負面能量太強，我們高次元常覺得無奈，也常被你們所騙；但現在我們經驗值多了，搜集人類的資料檔案也多了，我們會以最適合的方法來協助三次元，已不像以前以收集大量的資源供應給人類，我們要選對的人做適宜的事，再發放資源。這和以前的程序是相反的，但這也是我們在你們身上學習到的。

再回到主題。自我所產生出來的就是自私，凡事皆「我、我、我」；那宇宙大能將會成就你的意念，未來將會由「你、你、你」承擔，結果將會造成把你交給慈悲（訓導主任）受訓。別以為現在沒有在進行，只是時間點在宇宙電腦裡運算中，一直到你領悟了這個課題，那麼我們就會來協助你這個生命體，而不是以自身有限的力量去抵禦外在種種困難。

突破這「自我」的方法，就是把眼睛擴大看，眼睛有兩個，代表著要你能看自己和別人。兩隻眼睛是一起工作的，少了一隻都會很辛苦。所以別以為別人的事是他家的事，其實就是你的事；別人的困難是他的困難，但其實就是你的困難。當你在幫助他人解決困境時，其實你和他是共同在度過人生功課。

「透過他人的處境，經過你的幫忙」，你知道結果是如何嗎？那就是：這處境不會親臨在你身上，你不用承受切身之痛，卻把課題做完了。也就是，當你伸出援手一分，宇宙大愛將會給你十分的恩澤，這交易是非常划算也非常值得。

從現在起，抓住每一個能幫助他人的機會，用眼睛掃描他人的需要，因最大的受惠者就是你。

34 嫉妒的攻擊力

對自身擁有的沒有滿足感　而一直不斷向外索取窺看

它像是一個小偷　隨時想採取行動

本就想給予的祝福　無奈你們不願伸出雙手總是緊握拳頭

以致禮物無法放在你們手中

嫉妒是一種因失衡的狀態所產生出來的內心感受。它是因為貪婪而起，對自身已擁有的，卻沒有滿足感，而一直向外索取、窺看。這種狀態是醜的，卻常發生在人類的性格中。它像是個小偷，隨時想採取行動。小偷偷到東西不會謝謝你，但偷不到東西會轉為憤怒，甚至以行動來攻擊對方。

但它也有分輕重程度，輕的人往往會將羨慕轉為自卑，而重的人則會轉為掠奪行為。不論輕重，對自己的生命歷程都會是很大的傷害，因它最終會幻化成實相，讓你去學習、讓你去承擔。

當你不自主產生了這種意念時，試著將自己畫三個圈圈，圈裡面有身、心、靈；然後觀看自己，剖析自己，在哪方面不俱足？在哪方面是較充滿的？了解了自己以後，開始真正去運用我們給你們的三分鐘工具，當你起了願意與相信之心並執行它，那你將會很快從失衡狀態到平衡狀態。那過程中會有很多事態發生，也就是你們所說的「奇蹟」，但它不是奇蹟，它只是我們本就想給予你們的，無奈於你們不願伸出雙手，總是緊握拳頭，以致恩典無法放在你們手中。

接收祝福與給予祝福，是要雙方面交流的，只單一方面在努力，那將是徒勞無功。我們攜手合作，給自己一次機會，就是給宇宙大愛一份貢獻，那宇宙大能將會把滿滿的恩典降臨在你身上。

35 貴人小人

別那麼快下定義　停一停再想一想
謝謝他的存在　不要對立　只是感謝
貴人 vs. 小人　二元對立會在愛裡消融
貴人 vs. 小人　真相不言而喻都好都愛

貴人、小人的界限劃分，在人世間是分明的，但在更高層級上有時是相反的。

當你遇到讓你在事業上、情感上、生活上感到痛苦或困難的人，你們會憤怒或遠離，且統稱他們為小人或孽緣。殊不知，有時恰恰相反，由於他們的出現製造了事端，讓你明白更深層的自己，給你一個機會去調整與轉化自己。

你認知的那個小人只是扮演了這個角色、演了這個劇本，你們共同進入這個劇情。記得，這只是一齣戲，它是假的，戲終究會演完。真相是：這齣戲在告訴你什麼，你是否透過這過程學習了、成長了、淨化了，這才是真的！

別把假的當真了，真的卻看不見，那往後會有更大、更多的悲情劇本等著你，直到你懂了。

與其說他們是小人，有時反而是你人生中最大的貴人；透過他們的做法，經由你的領悟，你卻走向一條新的人生，一個完全不同於現在的新生命。所以說，他們是貴人還是小人呢？

然而對於你認知的貴人，有時反倒要「多一分意識在」。當貴人給予你資源、給予你成功，那當然是喜悅的；但在你被成就時，內心世界的你在哪裡？是感恩、是回饋、是茁壯自己，進而幫助他人？還是你迷失了自己，擁有了還想要更多？被成就了就忘了他人的需要，而一步一步走向更物質的世界，最終被物質主宰了你的生命。

只追逐物質世界的人，會變成一個很「自我」的人，他沒有一顆柔軟的心。一顆很硬的心，有時像一顆石頭，那將會自己把自己撞的頭破血流。這就是我要你們「多一分意識在」的原因。

別那麼快認定小人的定義。停一停，想一想，或許他是宇宙大能派來的大天使呢！謝謝他的存在，不要對立，就只是感謝。課題來了，你學會了，他就走了。貴人來了，你們除了展開雙臂熱烈歡迎外，多一分智慧觀看自己。更別忘了也要成為別人的貴人，在良性的循環下，你人生的貴人將會源源不絕。

貴人小人

36 家人

家人是來讓你了因化果　而不是讓你來再造因果
用愛來對待他們　用正面能量來化解彼此的糾葛
從更高角度來看待彼此的關係
當因果處理得愈乾淨　你的靈性就會愈輕鬆

「家人」在人類生命形態中是個很好的程式設計，但後來的試驗結果，卻發現似乎形成了一個不容易處理的問題。

它原本的初衷是好的，希望透過一個小組織，讓人類學習如何一起生活、一起分享（因家庭的資源是有限的，在有限的資源下如何運用，讓每位家庭成員都有受益），以及情感的交流、互助互愛、團結的力量⋯⋯

大愛的設計原本都是以良善為初始點，它把累世有因緣的靈體共同放在一個家庭裡，透過血緣的關係，增強彼此的連結以及情感的濃度，在這個家庭裡共同成長，把累世靈體裡該欠的能償還，該得的能受惠。這樣的設計，能讓個人及家庭成員的所有因果達到快速平衡。

家人不只是血緣的關係而已，更是清算因果的聚集所。當你了解了這個道理，那更要珍惜家人的存在，疼惜彼此的緣分，因你們可以藉由「家人」把個人的因果結算。當因果處理的愈乾淨時，那你的靈性就愈輕鬆。

「家人」是來讓你了因化果，而不是讓你再造因果的。用愛來對待他們，用更高角度來看待彼此的關係，用正面能量化解彼此的糾葛，那家人會是幫助你個人提升的最佳聖者。

37 男人女人

現在你們仍需相互的依存
才能整合出統一的大能量團　才有力道在宇宙軌跡中運轉
如同需先有陰陽　陰陽連結成一個圓　才能轉動起來
在這共存的空間裡　請珍惜彼此的存在

在「更」高次元空間裡，已沒有性別之分，完全是以單一的能量在成長。但在「較」高次元裡，雖沒有形體，能量還是有母系和父系之別，所謂你們認知的陰陽之區別。

會有性別的分隔，原因在於：目前的你們，還無法以個人的力量，在宇宙的空間裡運行著完整的能量。而需要互相的依存，整合起統一的一個大能量團，才會有力道在宇宙的軌跡中運轉。就如同你們的太極，需有陰陽，再連結成一個圓，才會圓才能轉動起來，就是這個道理。

在三度空間裡，還不具備發明的功能，只有發現的能力；你們所謂的科學家、發明家，都只是能穿越三度次元到其他次元去拿取資料而已，但他們都是高品質的靈體，才能有足夠的能量穿梭在較高次元中。

會談及那麼多，是要你們了解，自身具備了什麼、不足什麼，這樣才會真正重視他人的存在。因別人的存有才會有你的存在，這是很重要的真理。

男人、女人在較高的角度裡，就是陰陽的綜合體，缺一不可，否則你們在宇宙中是吸取不到生存的能量的。所以男人、女人是必須共存的，在這共存的空間裡，你們是如何營造彼此的情感？這是人類很重要的課題。

好的兩性關係會讓人處於和平、寧靜的心境，而有更多的生命活力去從事自身的事務，進而讓生活走向有價值的道路，更促進了整體社會的和諧。當兩性關係處於不好的狀態時，則是很多事端的開始，因你的能量是急燥的，是不平衡的，甚至是亂竄的。

你失去了平衡感，生命的和諧度沒有了，那麼生活的種種，很容易產生問題；一旦問題形成了，又要解決問題，在處理問題的當下，無法以平和的心態去面對，又衍生了許多問題。就這樣，生活成了一團亂，社會事件也一件一件的發生。

◆ 請問那男人女人該如何相處呢？

「珍惜」彼此的存在，因連你的呼吸都依繫在彼此間。

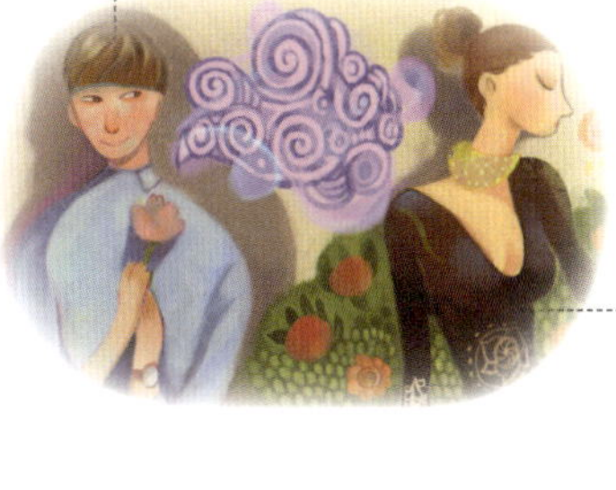

38 壞習慣

習慣來自於依賴的心理狀態
習氣屬於更深層的基因狀態
讓壞習慣收山　習氣去蕪存菁
讓你的喜悅與正面能量　成為地球母親以及宇宙大愛

習慣和習氣不盡相同，習慣是來自於依賴的心理狀態，習氣則是屬於更深層的基因狀態。聽起來，似乎習氣比習慣更難處理，但其實不然，如果懂得運用宇宙的力量，習氣處理起來反而容易得多。

習慣比較歸屬於你們空間的處境，因它屬於心理級的。而習氣是較屬於靈性級的，反倒跟我們較接近，我們是可以直接處理的；習慣則要你們自己努力的成分居多，但我們可以提供好的方式，讓你們來行動。

我們先分辨習慣與習氣不同之處。

習慣是一種行為、一種做法，如抽菸、喝酒、吸毒、好色、賭博、暴食……這是人類的行為，它的起源來自於心理沒有被滿足，想要攫取一種東西來填滿。而這個東西是快速、容易的，不需要努力和辛苦的，所以很快就會成「癮」。一旦成癮了，那你就得花費一番功夫去處理它。而解決的方式，人間已有多種模式，有些效果好，但很辛苦，有些可能效益不彰。

在此，我提供一個高角度的方法，那就是「瑜伽」。當習慣形成癮了之後，代表你體內的有害物質一開始是竄流全身，但最終它還是得找個棲身之地，也就是「家」；往往它們築巢之地就是在你體內的筋骨，聚集著穢氣和濁氣，然後你會變得愈來愈硬，失去了彈性，久了也失去了生命活力，最終導至疾病的產生。

透過「瑜伽」可把寄居在筋骨裡的不好元素驅離出境，迫使它們搬家，打散它們，再離開你體內；也就是把你身體全面打開，充滿正面的能量，讓它們無家可居。但你要持續性的做，堅持一個月，不要間斷，再搭配檸檬水，那綜合的效果會出奇的好。

習氣是一種情緒的問題，如暴力、憂鬱、恐懼⋯⋯這是和靈性息息相關的。它來自於你靈體的破損，修復你的靈體是主要的工作。透過宗教、信仰、書籍、大師、公益行為、身心靈課程、打坐、冥想，任何正面的精神領域都可。因它不只是單一的只給予你力量和支持而已，而會藉由宇宙大愛來修補你的靈體，受傷的靈體只有靠「愛」的能量來完整它。

有時習氣會轉換成習慣，也就是習氣＋習慣，那你們就要雙管齊下。在你們次元裡，最偉大、最重要的事，就是「改變自己」。因當你生命本質改變了，你的人生也改變了，你的喜悅、你的正面，是給地球母親和宇宙大愛最大的幫助。

```
國家圖書館出版品預行編目資料

找：你的心在找什麼?問問自己的靈魂怎麼說...... / 心
玲著. -- 二版. -- 臺北市：商周出版：英屬蓋曼
群島商家庭傳媒股份有限公司城邦分公司發行，
2025.06
　面；　公分

ISBN 978-626-390-568-9(精裝)

1.CST: 靈修

192.1                                                114007109
```

找：你的心在找什麼？問問自己的靈魂怎麼說……

作　　　者／心玲
責 任 編 輯／徐藍萍
編 輯 協 力／王牧音、賴曉玲
插　　　畫／陳硯詠

版　　　權／吳亭儀、江欣瑜
行 銷 業 務／周佑潔、林詩富、吳淑華、吳藝佳
總　編　輯／徐藍萍
總　經　理／彭俊國
事業群總經理／黃淑貞
發　行　人／何飛鵬
法 律 顧 問／台英國際商務法律事務所 羅明通律師
出　　　版／商周出版
　　　　　　115台北市南港區昆陽街16號4樓
　　　　　　電話：(02) 25007008　傳真：(02)25007759
　　　　　　E-mail：bwp.service@cite.com.tw
　　　　　　Blog：http://bwp25007008.pixnet.net/blog
發　　　行／英屬蓋曼群島商家庭傳媒股份有限公司 城邦分公司
　　　　　　115台北市南港區昆陽街16號8樓
　　　　　　書虫客服服務專線：02-25007718；25007719
　　　　　　服務時間：週一至週五上午09:30-12:00；下午13:30-17:00
　　　　　　24小時傳真專線：02-25001990；25001991
　　　　　　劃撥帳號：19863813；戶名：書虫股份有限公司
　　　　　　讀者服務信箱：service@readingclub.com.tw
　　　　　　城邦讀書花園：www.cite.com.tw
香港發行所／城邦（香港）出版集團有限公司
　　　　　　香港九龍土瓜灣土瓜灣道86號順聯工業大廈6樓A室
　　　　　　E-mail：hkcite@biznetvigator.com　電話：(852)25086231　傳真：(852)25789337
馬新發行所／城邦（馬新）出版集團 Cite (M) Sdn. Bhd.
　　　　　　41, Jalan Radin Anum, Bandar Baru Sri Petaling, 57000 Kuala Lumpur, Malaysia.
　　　　　　Tel: (603) 90563833　Fax: (603) 90576622　Email: services@cite.my

封 面 設 計／張燕儀
排　　　版／極翔企業有限公司
印　　　刷／卡樂製版印刷事業有限公司
總　經　銷／聯合發行股份有限公司　新北市231新店區寶橋路235巷6弄6號2樓
　　　　　　電話：(02) 2917-8022　傳真：(02) 2911-0053

■2015年6月30日初版
■2025年6月30日二版
定價 420元

Printed in Taiwan

城邦讀書花園
www.cite.com.tw

版權所有，翻印必究 ISBN 978-626-390-568-9

作者：心玲

　　2014 年，她接收到上天高次元的訊息，於是 2015 出版了第一本書《找》，這本書是關於她想「找」的人生答案，關於身心靈入門的簡要真理。因這本書的出版，2016 年與于美人、許常德聯合主持台北電台廣播節目《觀點靈》；受邀上電視等各大媒體、星馬書展講座。多年來在兩岸三地進行心靈成長教育培訓課程。2025 年，《找》以精裝典藏版重新問世。

　　而第二本書《懂了》，傳遞的主旨是在「心」的層面上，重點在於療癒。第三本《主人》主旨在提供整合身心靈合一的方法。經過這樣的程序，希望真正幫助人們靈性的提升和完整化。

繪者：陳硯詠

　　畢業於國立台灣藝術大學，為插畫與視覺平面設計師，近年亦從事電影電視遊戲概念設計。

　　作品網站關鍵字搜尋：Chen YanYong